Experimental Course of
SPATIAL
ECONOMETRICS

# 空间计量经济学
# 实 验 教 程

周杰文　魏博通　陈　斐　等　◎编著

中国财经出版传媒集团

经济科学出版社
Economic Science Press

**图书在版编目（CIP）数据**

空间计量经济学实验教程/周杰文等编著 . -- 北京：
经济科学出版社，2022. 12
ISBN 978 - 7 - 5218 - 4350 - 7

Ⅰ. ①空…　Ⅱ. ①周…　Ⅲ. ①区位经济学 - 计量经济
学 - 实验 - 教材　Ⅳ. ①F224.0 - 33

中国版本图书馆 CIP 数据核字（2022）第 221913 号

责任编辑：于　源　陈　晨
责任校对：杨　海
责任印制：范　艳

**空间计量经济学实验教程**
周杰文　魏博通　陈　斐　等编著
经济科学出版社出版、发行　新华书店经销
社址：北京市海淀区阜成路甲 28 号　邮编：100142
总编部电话：010 - 88191217　发行部电话：010 - 88191522
网址：www. esp. com. cn
电子邮箱：esp@ esp. com. cn
天猫网店：经济科学出版社旗舰店
网址：http：//jjkxcbs. tmall. com
北京季蜂印刷有限公司印装
787 × 1092　16 开　13.25 印张　220000 字
2022 年 12 月第 1 版　2022 年 12 月第 1 次印刷
ISBN 978 - 7 - 5218 - 4350 - 7　定价：52.00 元
（图书出现印装问题，本社负责调换。电话：010 - 88191510）
（版权所有　侵权必究　打击盗版　举报热线：010 - 88191661
QQ：2242791300　营销中心电话：010 - 88191537
电子邮箱：dbts@ esp. com. cn）

# 前　言

　　本书根据高等院校培养综合型交叉学科本科人才的发展目标编写，介绍空间计量经济数据模型的操作，是《空间计量经济学教程》的配套书。除序言外，本书共包括23个实验，这些实验大致可以分为空间数据分析、空间截面数据模型、空间面板数据模型和动态空间面板数据模型等4部分。这4个部分在逻辑上是递进的，后面部分的实验的相关理论知识建立在前面部分的基础上。空间数据分析主要为空间计量分析提供基础支撑，衡量是否存在空间非随机性。空间截面数据模型部分主要介绍了常用的基于横截面数据的空间计量数据模型，主要是空间维度上的。空间面板数据模型则在空间截面数据模型的基础上加入时间维度。动态空间面板数据模型则是在空间面板数据模型的基础上加入自变量、因变量和误差的时间滞后项。

　　具体而言，序言主要介绍空间计量分析的基本软件包和程序包。空间数据分析部分主要包括探索性数据分析、生成空间权重矩阵、全局性空间自相关、局域性空间自相关、基于密度的集聚分析和空间集聚分析等6个实验。空间截面数据模型部分主要包括空间滞后模型、空间误差模型、空间杜宾模型、空间杜宾误差模型、自变量空间滞后模型、SAC模型（一般空间模型）、GNS模型（通用嵌套空间模型）、空间扩展模型和地理加权模型等8个实验。空间面板数据模型部分包括空间面板数据模型的选择、空间面板滞后模型、空间面板误差模型、空间面板杜宾模型、空间面板杜宾误差模型、通用空间面板数据模型、通用嵌套空间面板数据模型等7个实验。动态空间面板数据模型部分包括动态空间面板数据模型的稳定性和动态空间面板模型2个实验。每个实验都设置了相应的练习以便加深大家对实验的掌握。

本书内容较为丰富、结构合理、逻辑明晰、针对性强，能力培养目标明确。读者通过本书的实验后，能够较好地掌握空间计量分析的基本知识和相应操作。

本书可作为计量经济学、空间统计学、地理信息系统、计算机科学与技术、遥感科学与技术、地理科学等相关专业学生的教科书，同时也适合于从事空间计量经济学、地理信息系统应用的人员参考。

本书的作者除了南昌大学的周杰文外，还有南昌大学的魏博通、浙江理工大学的陈斐等老师。

本书在写作过程中得到了单位领导和同人的热情帮助和支持，在此表示衷心的感谢！本书的写作参考了部分同行专家的著作和成果，在此对他们表示衷心的感谢！本书是南昌大学研究生院资助教材，在此表示衷心的感谢！还要感谢经济科学出版社编辑们的辛苦付出，让这本书有与读者见面并听取批评的机会。

由于时间仓促，加之作者的水平有限，书中难免有遗漏和不足之处，恳请同行专家和广大读者批评指正。

*编者*
2022 年 12 月

本书配有相应的数据和 Matlab 的 M 文件，读者如有需要，请识别二维码下载。

# 目　录

## 绪言
# 基本软件、程序包和数据

现在能用来进行空间计量分析的软件有很多，有些软件可以完成部分的空间计量分析，而有些软件则能完成大部分的空间计量模型的分析。当然，从本质上来说，所有软件都是在一定程度上对有关函数的包装，方便用户更容易地实现自己想要实现的功能。从这个意义上来说，若是用户对相关函数的功能比较熟悉，并对软件的编程语法较为精通，则可以自己开发相应的程序来实现的目的。只是这需要时间、精力和一定的前置条件。如果用户只是希望使用这些模型作为工具而不是去制造这个工具，则软件的集成程度越高，用户友好度越高，就越易被用户采用。

现在较为常用的空间计量分析软件有 Matlab、Stata、R 语言、GeoDa 和 ArcGIS 等。其中 ArcGIS 和 GeoDa 更偏重图形与图像表现。

## 0.1 基本软件和程序包简介

### 0.1.1 Matlab

Matlab 是 MathWorks 公司出品的商业数学软件，用于数据分析、无线通信、深度学习、图像处理与计算机视觉、信号处理、量化金融与风险管理、机器人，控制系统等领域。Matlab 是 Matrix & Laboratory 两个词的组合，意为矩阵工厂（矩阵实验室）。Matlab、Mathematica、Maple 并称为三大数学软件。Matlab 已发展成为具有高性能的运算工作平台，具有强大的数值计算能力，可以高效地完成各种矩阵的运算，在数学类科技应用软件中在数值计算方面首屈一指。此外，所有 Matlab 主包文件和各种工具包都是可读可修改的文件，用户通过对源程序的修改或加入自己编写的程序构造新的程序包。

这是本书主要使用的软件，在后面的章节会有较为翔实的展示，在此不赘述。

## 0.1.2 Stata

Stata 是一种功能完备的统计软件包。其作为一款数据分析、数据管理、绘制专业图表、计量分析的完整及整合性统计软件，具有快捷、灵活且易用的特点，现在已越来越受人们的重视和欢迎。它和 SAS、SPSS 一起被称为三大权威统计软件，已经被广泛应用于金融、经济、生物医疗、心理学等众多学科领域。当然，该软件也允许用户根据需要来创建自己的程序，添加更多的功能。大部分的操作可以通过下拉菜单来完成，也可以直接通过调用命令来实现，初学者还可以通过阅读菜单中的帮助选项来进行相关学习。

Stata 包含了估计截面数据空间计量模型的功能，这是由谢哈塔（She-hata）编写的"spautoreg"程序包实现的。这个程序包可以估计空间滞后模型、空间误差模型、空间杜宾模型、SAC 模型及 Tobit 空间计量模型。Stata 还可以估计空间面板数据模型的估计，这是由谢哈塔和米凯尔（Mickaiel）编写的命令实现的（见表 0 – 1）。与"spautoreg"程序包不同，每一种空间面板数据模型都需要不同的 Stata 命令来进行估计。

表 0 – 1　　　　　　　　　Stata 估计空间面板数据模型的命令

| Stata 命令 | 用途 |
|---|---|
| spregsarxt | 估计面板数据的空间滞后模型 |
| spregsemxt | 估计面板数据的空间误差模型 |
| spregsdmxt | 估计面板数据的空间杜宾模型 |
| spregsacxt | 估计面板数据的空间 SAC 模型 |
| spregfext | 估计固定效应的空间滞后（杜宾）模型 |
| spregrext | 估计随机效应的空间滞后（杜宾）模型 |
| spregdpd | 估计 Arellano – Bond 线性动态空间滞后（杜宾）模型 |
| spregdhp | 估计 Han – Philips 线性动态空间滞后（杜宾）模型 |

而费德里科·贝洛蒂、戈登·休斯和皮亚诺·莫塔拉（Federico Belotti, Gordon Hughes and Piano Mortara）提供了更强大的"xsmle"命令，不仅

可以对平衡面板数据模型进行估计，还可以进行 5 种空间面板数据模型的估计：空间滞后模型、空间误差模型、空间杜宾模型、SAC 模型和广义空间面板随机效应模型。使用"xsmle"命令可以估计前 4 种模型的固定效应和随机效应模型。

长期以来，Stata 官方没有发布支持空间计量模型估计的命令。在 Stata 15.0 版本中，Stata 官方新增设了估计截面数据和面板数据的空间计量模型的命令："spregreess"和"spxtregress"。

## 0.1.3　R 语言

R 语言具有一套完整的数据处理、计算和制图软件系统。其功能包括：数据存储和处理系统；数组运算工具（其向量、矩阵运算方面功能尤其强大）；完整连贯的统计分析工具；优秀的统计制图功能；简便而强大的编程语言，可操纵数据的输入和输出，可实现分支、循环，用户可自定义功能。它还提供了一些集成的统计工具，但更重要的是它提供了各种数学计算、统计计算的函数，从而使使用者能灵活机动地进行数据分析，甚至创造出符合需要的新的统计计算方法。

R 语言是一款功能强大的统计计算和绘图软件。它具有免费开源、资源丰富、代码简洁等特点，是目前统计分析领域最受欢迎的编程语言之一。R 语言具有良好的扩展性能，它支持面向对象编程和函数式编程。众多 R 语言志愿者编写自定义函数扩展 R 语言功能，并通过程序包（package）与全世界的 R 语言使用者共享。使用者不仅可以自由下载使用，还可以查看、学习、修改和完善源代码，使得 R 语言成为具有个性化定制特点的数据分析软件。

以 R 语言为平台的空间数据分析程序包。主要包含用于横截面数据空间计量模型的程序包 spdep 和面板数据空间计量模型的程序包 splm，它涵盖了一系列执行空间自相关估计和检验的程序，这些程序流行的一个重要原因是它们的开发软件平台 R 语言是开源的。近年来其发展可谓是突飞猛进。在空间数据分析与空间计量模型回归估计方面，R 语言的程序包已经非常成熟。并且，它也是由一些顶级的空间计量经济学家在升级和维护。例如 spdcp 程序包就是由毕凡德（Roger Bivand）等人在精心维护。spdep 程序包的一些应用实例可以参照比瓦纳（Bivana，2008）出版的《空间数据分析与 R 语言实践》（*Applied Spatial Data Anglysis with* R）。在空间数据分析领域，虽然 R 语言相对 Matlab 发展较晚，但是在空间数据功能方法方面，R 语言与 Matlab 已经相差无几，甚至要略优于 Matlab。这是由于 R 语言是免费软件，而且在世界上有一群卓越的统计学家、数据科学家以及各个领域的科学家在进行维护。同时，这些科学家们也及时地将新的统计分析方法纳入 R 语言的程序包中。

R 语言用于估计截面数据的空间计量经济模型的程序是罗杰·比万 (Roger Bivand) 等主导开发的 spdep 程序包，它不仅可以用于估计空间计量模型，还可以进行空间数据分析、空间权重矩阵的构造、空间计量模型的假设检验等。用于估计面板数据空间模型的程序包是由米伦和皮拉斯 (Millo and Piras) 编写的 splm，它提供了极大似然估计方法和广义矩估计方法，不仅可以估计固定效应和随机效应的空间面板数据模型，还包含了估计一般空间面板数据模型的方法，但还没有实现动态空间面板数据模型的估计方法，且需配合 spdep 和 plm 程序包一起才能使用。

R 语言可以通过其官网（https：//www.r-project.org/）或直接选择 CRAN 镜像网站下载安装。R 语言控制台的交互式操作不适合复杂的计算分析工作，为此，R 语言的图形用户界面（RGui）提供了一个基本的文本编辑器，点击"文件/新建程序脚本"即可打开，在其中可以编写复杂代码，一次性提交 R 语言控制台进行运算并返回结果。此外，RGui 还提供了图形设备窗口，用于输出绘图函数的结果。虽然基于 R 语言控制台、文本编辑器以及图形设备窗口可以完全实现 R 语言的数据分析及可视化功能，但对于命令式语言来说，友好的用户界面、强大的文本编辑器至关重要。在这方面，RStudio 要明显优于 RGui。RStudio 是一个基于 R 语言的集成开发环境（integrated development environment，IDE），拥有方便高效的系列集成工具和丰富实用的用户界面，使得 R 语言使用起来更加方便。

## 0.1.4　GeoDa

GeoDa 是一个设计实现探求性空间数据分析（ESDA）的软件工具集合体的最新成果。它向用户提供一个友好的和图示的界面用以描述空间数据分析，如自相关性统计和异常值指示等。GeoDa 的设计包含一个由地图和统计图表相联合的相互作用的环境，使用强大的连接窗口技术。GeoDa 能在任何风格的微软公司的操作系统下运行，适用于区域经济学、法学、政治学等社会学科，以及医学、地理学、植物学、土壤学、地质学、水文学和气候学等领域。以 GeoDa、GeoDa Space 和 PySAL 为平台的系列空间计量分析工具，是由空间计量经济学最重要的奠基者之一 Anselin 所领导的团队开发的。其中，GeoDa 自 2003 年发布以来已经被全球用户所使用，迅速成为空间计量分析的标准工具之一。

## 0. 1. 5　ArcGIS

ArcGIS 是一个全面的系统，用户可用其来收集、组织、管理、分析、交流和发布地理信息。作为世界领先的地理信息系统（GIS）构建和应用平台，ArcGIS 可供人们将地理知识应用到政府、企业、科技、教育和媒体领域。ArcGIS 是用于完成专业 GIS 工作的一系列软件程序和工具的集合，是一个用于绘制地图的基础架构，可将 ArcGIS 系统视为一个绘制地图和地理信息的基础架构。ArcGIS 可应用到多种不同的领域，包括规划和分析、资产管理、经营意识、现场操作（例如移动检查和应急部署）、市场调研、资源管理、物流、教育和延伸服务。

ArcGIS 内置了一个空间数据工具箱，具有空间自相关分析和空间回归分析方面的功能，但其空间计量分析功能有限。

## 0. 1. 6　其他软件

其他的空间计量经济学软件有 WinBUGS、Python、MGWR 和 Gauss 等。

## 0.2　程　序　包

Matlab 与空间计量分析结合的一个重要原因是它具备强大的矩阵运算能力，当前很多空间计量分析学者都用该软件的语言开发了很多程序包，主要的代表有詹姆斯·P. 勒萨奇（James P. LeSage），凯利·佩斯（Kelley Pace），保罗·埃尔霍斯特（Paul Elhorst）和唐纳德·J. 拉科姆（Donald J. Lacombe）等。这些学者开发的程序包都是免费供大家下载使用的，本书后续部分主要介绍这些学者开发的程序的功能及其使用方法，此后不再注明。这些程序包下载的网站如表 0 - 2 所示。

表 0 - 2　　　　　　　　　程序开发者与相应的网址

| 开发者 | 网址 |
| --- | --- |
| 詹姆斯·P. 勒萨奇（James P. LeSage） | http：//www. spatial-econometrics. com/ |

续表

| 开发者 | 网址 |
|---|---|
| 凯利·佩斯<br>（Kelley Pace） | http：//www. spatial-statistics. com/ |
| 保罗·埃尔霍斯特<br>（Paul Elhorst） | https：//spatial-panels. com/？page_id = 2<br>（或者在 https：//spatial-panels. com/页面中点击"software"） |
| 唐纳德·J. 拉科姆<br>（Donald J. Lacombe） | http：//myweb. ttu. edu/dolacomb/matlab. html |

　　詹姆斯·P. 勒萨奇（James P. LeSage）教授以及多位学者开发了空间计量经济学工具箱（spatial econometrics toolbox），并且在网站上发布了这个工具箱用于学术研究。空间计量经济学工具箱不仅提供了空间数据分析和检验的方法，同时也包括了截面数据空间计量经济学模型的估计方法极大似然估计（maximum likelihood estimation，MLE），还包括广义矩估计（generalized method of moments，GMM）、贝叶斯吉布斯抽样估计（Bayesian Gibbs sampling estimation，BGSE）等。另外，空间计量经济学工具箱也包含了大量的经典计量估计方法和检验，如 OLS 估计方法等。因此，空间计量经济学工具箱是一个学习经典计量经济学和空间计量经济学的非常强大的专业工具箱。费希尔（Fischer，2012）在一篇名为《向 James P. LeSage 致敬》（*In Honor of James P. LeSage*）的文章中，开篇就提到了勒萨奇（LeSage）在空间计量经济学领域的影响力，最重要的就是编写了 Matlab 空间计量经济学工具箱。

　　此外，詹姆斯·P. 勒萨奇教授开发的空间计量经济学工具箱也能用于空间面板数据模型的估计和检验。实现这些功能的 Matlab 代码主要是由荷兰格罗宁根大学（University of Groningen）的保罗·埃尔霍斯特（Paul Elhorst）教授编写的，在空间计量经济学工具箱中有一个名为"panel"的文件夹，该文件夹包含了这些 Matlab 代码。Elhorst 的空间面板数据模型的 Matlab 代码中提供了计算勒萨奇和佩斯（LeSage and Pace，2009）提出的面板数据空间滞后模型和空间杜宾模型中的解释变量的直接效应（direct effects）和间接效应（indirect effects）的代码。保罗·埃尔霍斯特教授也在其个人网站中提供了用于空间面板数据模型估计的 Matlab 代码、演示程序和数据集。在该网站中，保罗·埃尔霍斯特教授还提供了他本人撰写的论文模型的 Matlab 代码，并提供了相应的模型数据集。因此，下载这些文件后，通过分析 Matlab 代码，利用提供的数据集，可以很容易地重新进行估计或者参考学习。

Matlab 空间计量经济学工具箱历经了 10 多年的实践检验，多数错误已经得到了修正。

本书所用的程序包主要包括詹姆斯·P. 勒萨奇的"jplv7. zip"。

进入网址 http：//www. spatial-econometrics. com/ ［见图 0 - 1（1）］，点击左侧的"Download the Toolboxes"，则可在右侧见到该网站的所有的工具包 ［见图 0 - 1（2）］，点击"Download Matlab older Econometrics functions zip file"就可下载"jplv7. zip"的压缩包（jpl 是 James P. LeSage 名字的缩写，v7 表示是第七版）。将该压缩包解压缩，即可得到 13 个文件夹（见图 0 - 2）。

Econometrics Toolbox: by James P. LeSage

**last revised 4/2021**

Spatial Econometrics Toolbox
Documentation Econometrics Toolbox
Spatial Panel Data Toolbox
Documentation for Spatial Panel Toolbox
Download the Toolboxes

For documentation of the spatial econometrics functions see:
**Introduction to Spatial Econometrics (January, 2009), CRC Press/Taylor & Francis Group**

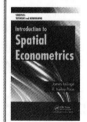

by James LeSage and R. Kelley Pace
Link to Publisher Web site

（1）

Econometrics Toolbox: by James P. LeSage

**last revised 4/2021**

Spatial Econometrics Toolbox
Documentation Econometrics Toolbox
Spatial Panel Data Toolbox
Documentation for Spatial Panel Toolbox
Download the Toolboxes

| Download combined Spatial Econometrics and Panel Toolbox functions zip file | (updated 4/2021) |
| Download Matlab Spatial Econometrics functions zip file | (updated 4/2021) |
| Download Matlab Spatial Panel Econometrics functions, data, demos zip file | (updated 4/2021) |
| Download Arc_Mat Version 1.0 zip file | (updated 4/2009) |
| Download Object Oriented Arc_Mat Version 1.1 zip file | (updated 4/2009) |
| Download Matlab older Econometrics functions zip file | (updated 4/2009) |

（2）

**图 0 - 1　http：//www. spatial-econometrics. com/网站**

| coint | 2010/3/29 8:42 | 文件夹 |
| data | 2010/3/30 6:58 | 文件夹 |
| diagn | 2010/3/29 8:42 | 文件夹 |
| distrib | 2010/3/29 8:42 | 文件夹 |
| gibbs | 2010/3/29 8:42 | 文件夹 |
| graphs | 2010/3/29 8:42 | 文件夹 |
| optimize | 2009/11/15 10:54 | 文件夹 |
| regress | 2010/3/6 10:29 | 文件夹 |
| spatial | 2010/3/6 10:29 | 文件夹 |
| ts_aggregation | 2010/3/19 7:32 | 文件夹 |
| Ucsd_garch | 2010/3/6 10:29 | 文件夹 |
| util | 2010/3/21 9:52 | 文件夹 |
| var_bvar | 2010/3/19 7:33 | 文件夹 |

图 0 – 2    jplv7. zip 压缩包所含文件夹

## 0.3   Matlab 预先设置

当启动 Matlab 时，桌面显示为默认布局。即可在命令行窗口（Command Window）键入命令来实现相应的功能（见图 0 – 3）。我们在"＞＞"后面键入我们的第一个命令"load carsmall"，则右边的工作区（Workspace）会显示"carsmall"数据集中相应的变量（见"名称"列）及其值的简介（见"值"列）。这里，"load"是 Matlab 自带的函数。"carsmall"是 Matlab 自带的数据集，其路径为"C：\Program Files\MATLAB\R2019a\toolbox\stats\statsdemos"。所有 Matlab 自带的这些函数和数据集存放在 Matlab 默认的文件夹里。

图 0 – 3   Matlab 默认界面

通过点击"主页"（HOME）下的"设置路径"（Set Path），则会出现

"设置路径"窗口（见图0-4）。在这个窗口中可以查看Matlab现在搜索的路径。所有Matlab自带的这些函数和数据集就存放在搜索路径下面的文件夹里。

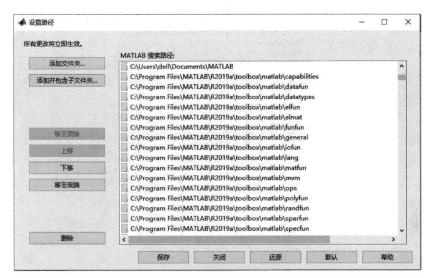

**图0-4　Matlab设置路径界面**

　　由于Matlab的所有操作都是在它的搜索路径范围之内进行搜索，其中也包含了当前路径，因此，如果用户想要调用的函数在搜索路径范围之外，则Matlab软件会认为此函数不存在，会提示用户错误信息。我们使用的一些函数并不是Matlab自带的，因此就涉及在Matlab中使用非自带函数的问题。可以通过以下步骤来使用非自带的函数：

　　（1）把"jplv7"压缩文件解压到"jplv7"文件夹后，将"jplv7"文件夹拷贝到"C：\Program Files\MATLAB\R2019a\toolbox"文件夹下面。

　　（2）在Matlab"设置路径"窗口中点击"添加并保护子文件夹…"，导航到"jplv"文件夹所在的位置，选中"jplv7"文件夹，然后点击"选择文件夹"，就会回到"设置路径"窗口。此时，在"Matlab搜索路径"下包含"jplv7"文件夹及其包含的子文件夹。点击该窗口下面的"保持"按钮（非常重要，若没有点击"保持"按钮，则不会设置成功），这时"jplv7"文件夹内及其包含的子文件夹里的函数都被列入Matlab搜索的范围。以后，就可以自由调用"jplv7"文件夹内及其包含的子文件夹里所包含的所有函数（见图0-5）。

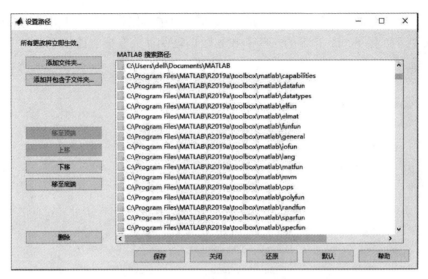

图0－5  Matlab 设置路径后的界面

空间数据分析篇

# 探 索 性 数 据 分 析

## 1.1 实验目的

◇ 熟悉 GeoDa 软件探索性数据分析功能
◇ 利用 GeoDa 软件，通过平均图和散点的 Chow 检验空间异质性

## 1.2 实验步骤

◇ 读入数据
◇ 数据分析操作
◇ 输出结果

## 1.3 实验内容

**1. 熟悉 GeoDa 软件探索性数据分析功能**
（1）读入数据。

打开 GeoDa 后，会出现 GeoDa 主界面（主界面的标题是"GeoDa"）和
"Connect to Data Source"窗口（如果关闭了这个窗口，则重新打开 GeoDa
或者点击 GeoDa 界面"File"按钮下面的文件夹图标来得到这个窗口）。在

"Connect to Data Source"窗口的"Sample Data"页面，拖动滚动条，会发现"NYC Data"（见图1-1），单击"NYC Data"左边的图标，即会出现"Map-NYC Data"窗口（见图1-2）。GeoDa主界面的标题也变为"Map-NYC Data"。

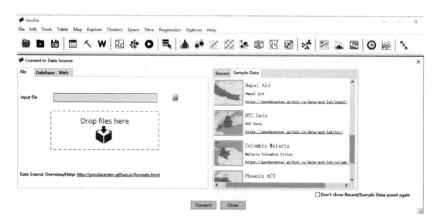

图1-1　GeoDa数据集选择

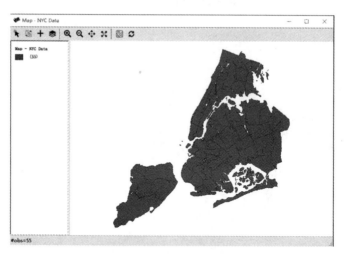

图1-2　GeoDa数据地图窗口

如果要读入不在GeoDa自带数据集（即"Sample Data"页面里的数据集）的数据，则通过点击"Connect to Data Source"窗口的"File"页面的"Input file"后面的文件夹按钮来选择相应的文件类型（见图1-3），并导航到所要导入的数据集目录，选择相应的数据，点击"打开"，则会出现相应的数据地图窗口。

**图1-3  GeoDa 输入数据类型选择窗口**

如需换数据,则先在 GeoDa 主界面(此时主界面的标题是"Map -
NYC Data")点击"File"的"Close"关闭当前数据集(此时主界面的标
题会变回"GeoDa")。然后再依前面的步骤打开新的数据。

(2)熟悉 GeoDa 的数据分析功能。

一次点开 GeoDa 主界面的【File】【Edit】【Table】【Map】【Explore】
【Cluster】【Space】【Time】【Regression】【Option】等功能键,了解这些功
能键所包含的功能及相应的一些操作。第二排的按钮是一些常用快捷按钮,
和刚才的功能键具有一样的功能。

**2. 空间异质性**

(1)平均值差异检验。

通过【Explore】>【Average Chart】弹出"Average Chart"窗口(见
图1-4),在这个窗口中的"Variable:"后面出现的是"bor_subb",点击
下三角会发现这是变量列表的第一个变量。这是下面的"Group"中的
"Selected"后面的"Obs."显示0(表示没有选中对象),"Mean"显示
0.00,而"Unselected"后面的"Obs."显示55(表示没有选择的对象有
55 个),"Mean"显示274.40。窗口的右边,选择的平均值用红色(图1-4
中画横线的部分)显示,而未选择的平均值用蓝色(图1-4中画波浪线的
部分)显示。

"Variable:"选择变量"rent2008"。打开 GeoDa 主界面【Table】>【Se-
lection Tool】(见图1-5左图),"Selection Variable"选择"bor_subb",在
"Select All in Range"设置选择范围为301~310,点击【Select All in
Range】按钮,则"Average Chart"会更新(见图0-5右图)。这时发现
"Group"中的"Selected"后面的"Obs."显示10(表示选中10个对象),

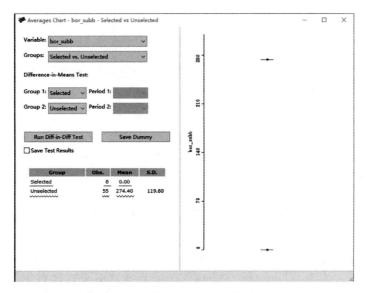

图 1 - 4　"Average Chart" 窗口

"Mean"显示 2062.50，而"Unselected"后面的"Obs."显示 45（表示没有选择的对象有 45 个），"Mean"显示 1078.22。F 值（F-val）为 37.63，p值（p-val）为 0.000。平均值图表提供了一种简单的方法来检验两个数据子集之间的平均值差异。当选定子集具有空间性质时，这将成为空间异质性的检验。在我们当前的示例中，我们通过巧合（通过选择曼哈顿的 id 值）获得了空间选择。接下来，我们考虑真正的空间选择。

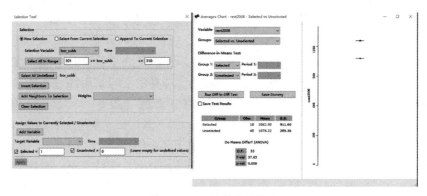

图 1 - 5　平均值差异检验

　　地图刷新和平均值图。用数据地图窗口的最左边的选择功能选择地图的右下方的区域。平均值图会刷新（见图 1 - 6），相应地"Group"中的

"Selected"后面的"Obs."显示21,"Mean"显示1150.00,而"Unselected"后面的"Obs."显示34,"Mean"显示1323.38。F值为1.11,p值为0.298,不足以拒绝均值相等的零假设。

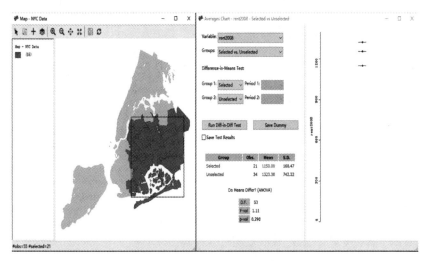

图1-6 刷新与平均值图(1)

用数据地图窗口的最左边的选择功能选择地图的左上方的区域(将刚才选择的方框移动到左上方)。平均值图会刷新(见图1-7),相应地"Group"中的"Selected"后面的"Obs."显示22,"Mean"显示1517.05,而"Unselected"后面的"Obs."显示33,"Mean"显示1083.94。F值为7.9,p值为0.007,显著拒绝均值相等的零假设。

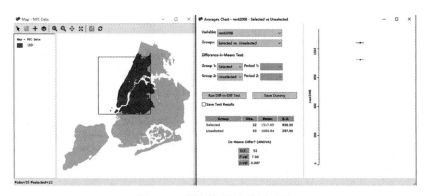

图1-7 刷新与平均值图(2)

（2）散点图。

在 GeoDa 主界面，通过【Explore】>【Scatter Plot】，在弹出的【Scatter Plot Variables】窗口中，在"Independent Var X"下面的变量中选择"kids2000"，在"Dependent Var Y"下面的变量中选择"pubast00"，点击"OK"，即可得到散点图（见图1-8）。在散点图上空白地方点右键（见图1-9），可以对散点图进行一些操作。

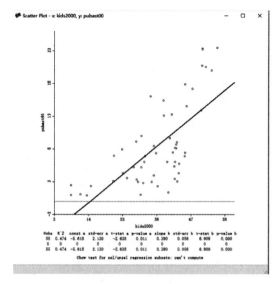

**图1-8　默认的散点图**

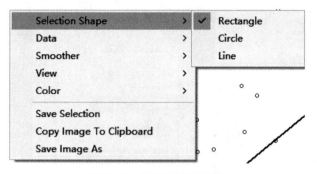

**图1-9　散点图的选择项**

散点图与刷新。在散点图上，用一个方框选中一些对象（见图1-10）。在这可以移动这个方框，动态改变选择区域。在我们的示例中，我们选择了22个观测值。原来的线 b 表示原始线性拟合，水平的线 c 表示22个选定观测的拟合，线 a 表示其他33个观测的拟合。在斜率系数和拟合统计量的三行下方，列出了结构稳定性的 Chow 试验结果。显然，线 c 与整个线 a 和线 b 相反，表示所选观察结果根本没有任何关系。Chow 检验通过强烈拒绝（p<0.0005）等系数的零假设（在线 a 和线 c 的斜率之间）证实了这一点。由于链接，所有其他视图中也突出显示了 22 个选定的观察结果。这些观点可能涉及相同或不同的变量，使我们能够研究潜在的相互作用效应。

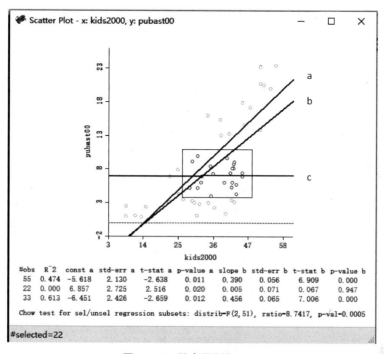

图 1-10　散点图刷新（1）

我们可以将选择矩形向上和向右移动（见图 1-11），这将产生一个新的 10 个观察值的选择，以及相关的回归线。这一次，没有足够的证据拒绝零假设（p=0.9725 的 Chow 检验）。

与均值图一样，我们不仅可以在散点图上选择相应的对象，也可以在地图上选择相应的对象（见图 1-12）。我们选择了 17 个观测值。此选择反映在散点图中的一组新斜率中。在这种情况下，线 c（选定）和线 a（未选定）斜率之间的差异不足以通过 Chow 检验（p 值为 0.2605）拒绝零假设。

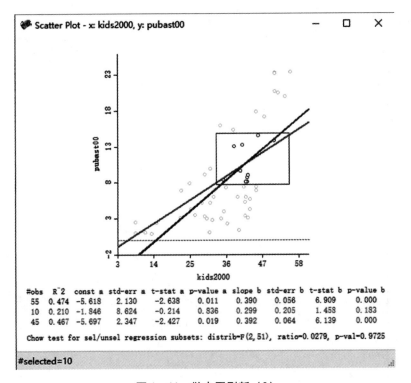

图 1-11 散点图刷新（2）

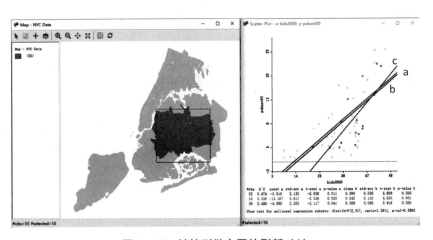

图 1-12 链接到散点图的刷新（1）

当我们扫过地图时，我们可以评估线性关系的稳定程度。在明确定义的观测子区域之间，任何系统性变化的斜率都表明存在空间异质性。例如，将选择矩形向北和向西移动，如图 1-13 所示，使结构变化的证据更加有力，如 $p = 0.0015$。

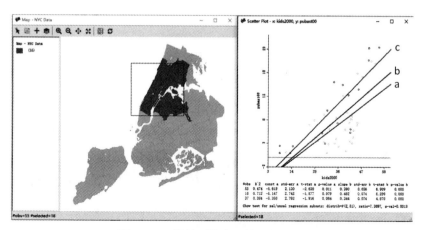

图 1 - 13　链接到散点图的刷新（2）

当我们在数据中确定具有不同于其他数据的斜率（结构）的子区域时，我们可以通过回归分析（如方差分析）更正式地进行评估。这通过以指标变量的形式保存选择（所选观察值为1）来实现。然后，可以将新变量纳入回归规范，可能与其他解释变量相互作用，以更正式地解决空间状态。

## 练　习

使用本例数据集的其他变量数据重复上述操作。

## 实验 2
# 生 成 空 间 权 重 矩 阵

## 2.1 实 验 目 的

◇ 学习 Matlab 的生成空间权重矩阵命令
◇ 学习利用 GeoData 和 ArcGIS 生成空间权重矩阵

## 2.2 实 验 步 骤

◇ 读入数据
◇ 生成空间权重矩阵
◇ 输出结果

## 2.3 实 验 内 容

**1. 利用坐标数据生成基于地理邻近性的空间权重矩阵**

"columbus" 数据文件每一个空间单元都含有坐标信息，"columbus" 的第 4、5 列分别为经度坐标和纬度坐标。利用距离公式可以很容易地计算出基于地理距离的空间权重矩阵。在有些实证分析研究中，有可能需要的是基于地理邻近性的空间权重矩阵。在这种情况下，也可以通过空间单元的经纬度坐标近似得到一个基于地理邻近性的空间权重矩阵。其主要步骤是基于点坐标生成泰森多边形（见图2－1），再基于泰森多边形生成空间权重矩阵。这个基于泰森多边形生成的空间权重矩阵与基于元面状行政单元生成的空间权重矩阵有可能有较大差异。

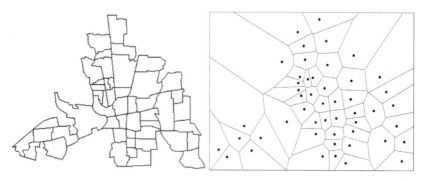

图 2－1　泰森多边形

使用的函数：xy2cont，用法是：

［W1 W2 W3］=xy2cont(xc, yc)

W1、W2 和 W3 是通过泰森多边形生成的空间权重矩阵。其中，W1 是最大特征根等于 1 的对称空间权重矩阵；W2 是行标准化的对称空间权重矩阵，即为我们所需要的空间权重矩阵［见图 2－2（1）］；W3 为对角矩阵的空间权重矩阵。"xc" 为经度坐标，"yc" 为纬度坐标。

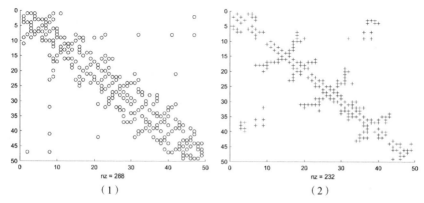

（1）　　　　　　　　　　　　（2）

图 2－2　利用经纬度坐标和利用真实行政区划生成的
基于地理近邻性的空间权重矩阵

Matlab 代码如下：

```
% 利用经纬度坐标生成邻近性空间权重矩阵
clear;  clc;  clf;
A = csvread('columbus.csv',1,0);
xc = A(:,5);
yc = A(:,6);
[W1 W2 W3] = xy2cont(xc,yc);
spyc(W2,'ko',30);
title('symmetric spatial weights matrix');
```

通过泰森多边形生成的空间权重矩阵 W2 和利用真实行政区划生成的基于地理近邻性的空间权重矩阵［见图 2 - 2（2），具体程序见下］有一定区别。但从总体上来说，由泰森多边形产生的空间权重矩阵和真实的空间权重矩阵相差不大，主要的区别在于原本不相邻的空间单元由于泰森多边形的生成规则而具有了地理邻近性。

```
clear; clc; clf;
load wmat.dat;
i = wmat(:,1);
j = wmat(:,2);
s = wmat(:,3);
n = 49;
W1 = sparse(i,j,s,n,n);
clear i;  clear j;  clear s;
W = full(W1);
spyc(W,'+b',30);
title('spatial weights matrix based on wmat.dat');
```

**2. 利用坐标数据生成基于地理距离的空间权重矩阵**

（1）使用的函数：distance，用法是：

```
W = distance(xc,yc)
```

W 为基于地理距离的空间权重矩阵。

Matlab 代码如下：

% 利用经纬度坐标生成基于距离的空间权重矩阵

```
clear; clc; clf;
A = csvread('columbus.csv',1,0);
xc = A(:,5);
yc = A(:,6);
W_distance = distance(xc,yc);
spyc(W_distance,'ro');
title('Distance - based spatial weights matrix');
```

（2）使用的函数：pdweight，用法是：

```
W = pdweight(xcoord,ycoord,lower,upper,RowStdOpt)
```

W 表示根据门槛值计算的空间权重矩阵，"lower"为下边界值，"upper"为上边界值。"RowStdOpt"参数表示是否需要进行行标准化，"RowStdOpt = 0"表示进行行标准化；"RowStdOpt = 1"表示不需要进行行标准化。

Matlab 代码如下：

```
% 利用经纬度坐标生成基于门槛距离的空间权重矩阵
clear; clc; clf;
A = csvread('columbus.csv',1,0);
xc = A(:,5);
yc = A(:,6);
W_dis_cutoff = pdweight(xc,yc,1,5,0);
spyc(W_dis_cutoff,'ro');
title('Distance - based with cutoff spatial weights matrix');
```

### 3. 利用坐标数据生成 k 个最近邻居的空间权重矩阵

（1）使用的函数：make_neighborsw，用法是：

```
W = make_neighborsw(xc,yc,k)
```

W 表示行标准化后的 K 个最近邻居空间权重矩阵，k 表示邻居个数。

Matlab 代码如下：

```
% 利用经纬度坐标生成最近邻居的空间权重矩阵
clear; clc; clf;
A = csvread('columbus.csv',1,0);
xc = A(:,5);
```

```
yc = A(:,6);
m3 = 3;
Wk3 = make_neighborsw(xc,yc,m3);
Wk3_full = full(Wk3);
spyc(Wk3_full,'ro');
title('K3 nearest spatial weights matrix');
```

（2）使用的函数：make_nnw，用法是：

```
W = make_nnw (xc, yc, k)
```

Matlab 代码和 make_neighborsw 相似，只要替换函数就行，在此不赘述。make_nnw 函数比 make_neighborsw 函数使用更多的内存，但是花费更少的时间。

### 4. 利用 GeoData 生成空间权重矩阵

运行 GeoData，如果出现"由于找不到 vcruntime140. dll…"的问题，需要从微软官方下载最新的 Visual C + +。打开 Visual C + +安装文件，点击安装。等待安装完毕之后，根据提示重启电脑即可。下载地址如下：https：//support. microsoft. com/zh-cn/help/2977003/the-latest-supported-visual-c-downloads。

导入 shp 文件，文件打开后展示为地图形状。通过点击"Connect to Data Source"窗口的 – "File" – "Input file"的 – "ESRI Shapefile（∗. shp）"导航到相应的"shp"文件并"打开"（见图 2 – 3）（Columbus 数据，在"GeoDa Data"——"columbus"文件夹里的"columbus. shp"）。

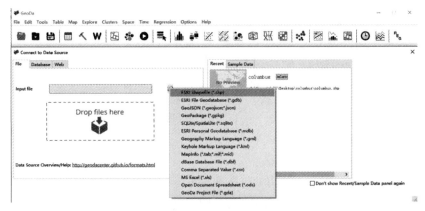

图 2 – 3　GeoDa 导入文件

　　生成基于地理邻近性的空间权重矩阵。点击"Tools"——"Weights Manager"，在弹出的"Weights Manager"窗口，点击"Create"，在弹出的"Weights File Creation"窗口设置"Select ID Variable"，并选择"Contiguity Weight"或"Distance Weight"相应的确定权重矩阵的方法。在设置相关参数后，点击"Weights File Creation"窗口的"Create"按钮确定保存的位置后即可生成相应的空间权重矩阵（见图2-4上图）。但这个矩阵是GeoDa独有的"gal"格式。用记事本打开这个"gal"文件（见图2-4下图）。第一行是基本信息，表示各地的ID号、shp文件的名称及权重矩阵所使用的变量。第二行（5　2）为ID为5的区域和它的邻居个数（2）；第三行为ID号为5的区域的邻居的ID号（16）；第四行为ID号为1的区域和它的邻居个数（3）；第五行为ID号为1的区域的邻居的ID号（562）；以此类推。

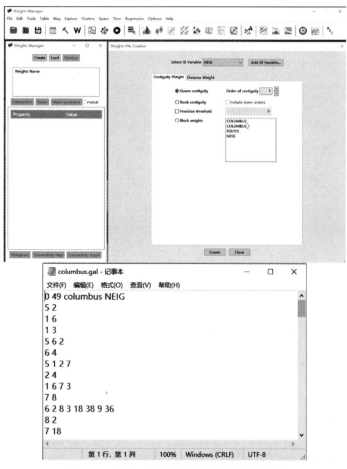

图2-4　GeoDa基于邻接生成空间权重矩阵

生成基于地理距离的空间权重矩阵。在弹出的"Weights File Creation"窗口设置"Select ID Variable",并选择"Distance Weight"的"Method:"以及"Distance band"相应的确定权重矩阵的方法。在设置相关参数后,点击"Weights File Creation"窗口的"Create"按钮确定保存的位置后即可生成相应的空间权重矩阵(见图2-5左图)。但这个矩阵是GeoDa独有的"gwt"格式。用记事本打开这个"gwt"文件(见图2-5右图)。第一行是基本信息,表示各地的ID号、shp文件的名称及权重矩阵所使用的变量。第二行(5 1 0.598718256)为ID为5的区域和ID为1的区域的距离(0.598718256);第三行(5 6 0.579685619)为ID为5的区域和ID为6的区域的距离(0.579685619);以此类推。

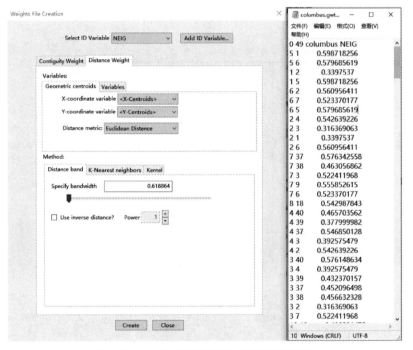

图2-5　GeoDa基于距离生成空间权重矩阵

生成k个最近邻居的空间权重矩阵。在弹出的"Weights File Creation"窗口设置"Select ID Variable",并选择"Distance Weight"的"Method:"以及"K-Nearest neighbors"相应的确定权重矩阵的方法。在设置相关参数后,点击"Weights File Creation"窗口的"Create"按钮确定保存的位置后即可生成相应的空间权重矩阵。这个矩阵也是GeoDa独有的"gwt"格式。

**5. 利用 ArcGIS 生成空间权重矩阵**

打开创建空间权重矩阵工具，步骤为 arctoolbox—空间统计工具（Spatial Statistics Tools）—空间关系建模（Modeling Spatial Relationships）—生成空间权重矩阵（Generate Spatial Weights Matrix）（见图 2 – 6）。

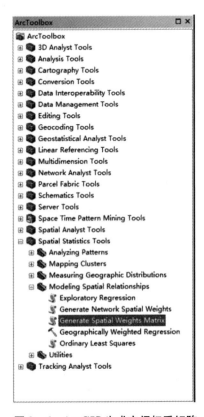

**图 2 – 6　ArcGIS 生成空间权重矩阵**

在【生成空间权重矩阵】（Generate Spatial Weights Matrix）窗口需要设置相应的参数。输入输出照常设置即可，注意不要出现中文路径，【唯一ID 字段】就填写 "NEIG" 字段（默认的），自己使用时根据需要选择，【空间关系概念化】选择所需要的空间关系，ArcGIS 提供了 8 种方案（见图 2 –7）。此时生成的是 swm 格式的空间权重矩阵。

（1）

指定要素空间关系的概念化方式。

- INVERSE_DISTANCE ——一个要素对另一个要素的影响随着距离的增加而减少。

- FIXED_DISTANCE ——将每个要素的指定临界距离内的所有要素都包含在分析中；将临界距离外的所有要素都排除在外。

- K_NEAREST_NEIGHBORS ——将最近的 k 要素包含在分析中；k 是指定的数字参数。

- CONTIGUITY_EDGES_ONLY ——共享一个边界的面要素是相邻要素。

- CONTIGUITY_EDGES_CORNERS ——共享一个边界和/或一个结点的面要素是相邻要素。

- DELAUNAY_TRIANGULATION ——基于要素质心创建不重叠三角形的网格；共享边且与三角形结点关联的要素是相邻要素。

- SPACE_TIME_WINDOW ——相邻要素是指在指定的临界距离内且在彼此的指定时间间隔内出现的要素。

- CONVERT_TABLE ——在表中定义空间关系。

（2）

**图 2 - 7　ArcGIS 生成空间权重矩阵的设定**

使用 ArcGIS 将 swm 转换为 dbf 格式。search 搜索"swm dbf"［见图 2 - 8（1）］。双击"Convert Spatial Weights Matrix to Table"，在弹出的窗口中，设置相应的输入和输出参数。或者双击"ArcToolbox"—"Spatial Statistics Tools"—"Utilities"—"Convert Spatial Weights Matrix to Table"按钮来调出"Convert Spatial Weights Matrix to Table"窗口（见图 2 - 8）。

（1）

（2）

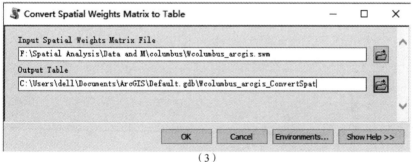

（3）

图 2-8　ArcGIS 将 swm 转换为 dbf 格式

把转换后的 dbf 文件在 excel 中打开，即可查看文件内容。表格为稀疏形式储存，NEIG 与 NID 之间的权重为 WEIGHT，表格中未列出的为零。

## 练　　习

使用 boston 数据重复上述操作。

实验 3

# 全局性空间自相关

## 3.1 实验目的

◇ 熟悉 GeoDa 软件绘制 Moran 散点图
◇ 熟悉 GeoDa 软件绘制二元 Moran 散点图

## 3.2 实验步骤

◇ 读入数据
◇ 数据分析操作
◇ 输出结果

## 3.3 实验内容

**1. 利用 GeoDa 软件绘制 Moran 散点图**

（1）绘制 Moran 散点图。

打开 GeoDa 软件后，将数据集设为"clev_sls_154_core"（在"GeoDa Data"—"cleveland"文件夹里）。通过【Space】>【Univariate moran's I】，也可以直接点击工具条中的空间分析组的【Moran Scatter Plot】。

如果弹出"GeoDa could not find the required weight file. Please specify weights in Tool > Weight manager."窗口，则：①需生成空间权重矩阵。可以参照前面实验内容来生成空间权重矩阵。在此给出简略步骤。【Tool】>【Weight manager】，在弹出的"Weight manager"窗口中点击"Create"，在弹出的"Weights File Creation"窗口中将"Select ID Variable"设为"unique_id"，在"Contiguity Weight"单选"Queen contiguity"，然后点击"Create"，在弹出的窗口保存".gal"到相应的位置。②需加载空间权重矩阵。如果已有相应的空间权重矩阵，通过【Tool】>【Weight manager】，在弹出的"Weight manager"窗口中点击"Load"，导航到空间权重矩阵文件（".gal"文件）位置，并打开该空间权重矩阵文件。以后出现类似提示时，需要按此方法处理。

通过【Space】>【Univariate Moran's I】，在弹出的"Variable Settings"窗口，将"First Variable（X）"设为"Sale_price"，下面的"Weights"默认为"clev_sls_154_core"，点击"OK"，即会弹出"Moran's I（clev_sls_154_core）：sale_price"窗口（见图3-1）。图中的点有点不平衡，因为它呈现为正方形（当两个轴以相同的单位测量时这是首选方法，以避免数据失真）。

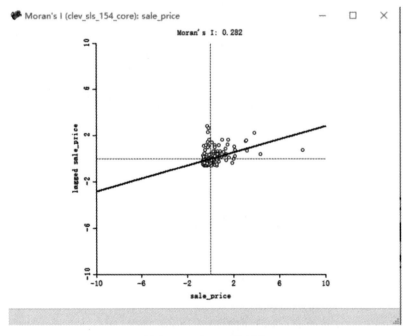

**图 3-1　Moran 散点图**

房价在横轴上，其空间滞后的对应物在纵轴上。请注意，房价值已经标准化，并以标准偏差单位给出（平均值为零，标准偏差为1）。类似地，为这些标准化值计算空间滞后。在其默认设置中，绘图显示穿过点云的线性拟合。这条线的斜率对应于 Moran's I，其值（0.282）列在图的顶部。

（2）评估显著性。

线性拟合的斜率仅提供了 Moran's I 的估计，但它没有揭示关于检验统计量显著性的任何信息。这是通过随机化（"Randomization"）选项获得的。以常规方式，在 Moran's I 窗口的空白地方点击右键会出现完整的选项列表，选择【Randomization】>【999 Permutations】（见图 3－2）。这将产生如图 3－2 所示的列表。我们在侧面板中选择随机化和排列数。该值对应于上述伪 p 值表达式中的。

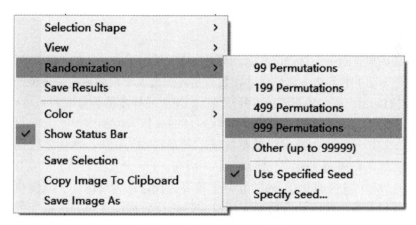

图 3－2　Randomization 推理

在我们的示例中，如图 3－2 所示，我们选择 999 个置换，这通常足以进行可靠的推断。在这种情况下，最极端的伪 p 值可能是 0.001，这意味着没有任何置换数据集产生的统计值大于实际数据中观察到的统计值。

置换操作的结果是统计的参考分布（见图 3－3），以直方图表示。绿线显示了实际数据的统计值，在我们的示例中为 0.282，位于参考分布的右侧。这表明显著拒绝零假设。

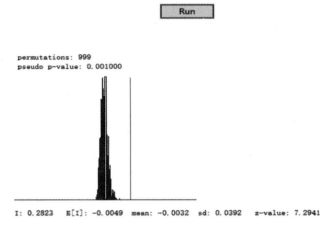

图 3-3 Moran's I 的参考分布

　　该图包含若干汇总统计数据。左上角显示了用于构造参考分布（999）和相关伪 p 值的置换数。如前所述，后者是等于或大于观测值的统计值的数量（在我们的示例中，观测统计本身仅为 1）与生成样本的数量（999）+ 1（对于实际样本）的比率。因此，结果为 1/（999 + 1）= 0.001。

　　如前所述，这也是可以获得的最小（最极端）p 值。在比较使用不同数量置换的结果时，务必记住这一点。例如，999 个置换的伪 p 值 0.001 不一定比 99 个置换的 0.01 的伪 p 值更重要。在这两种情况下，从随机生成的样本中计算出的统计数据均未超过实际统计数据。这与分析推导的 p 值的通常解释形成对比。

　　在图底部的状态栏中显示了 Moran's I 统计的几个描述性度量。首先是实际观测值，I = 0.2823。其次是理论期望值，E［I］，等于 - 1/（n - 1）。值 - 0.0049 实际上是 - 1/204（数据集中有 205 个观测值）。平均值是参考分布的平均值。在我们的示例中，该结果为 - 0.0032，与理论预期值略有偏差。参考分布的标准偏差为 0.0392，而分析随机化方法下的理论值为 0.00158（未在 GeoDa 中计算）。

　　这些汇总统计数据说明了经验工作的一个共同特征，即精度的理论指示可能过于乐观（分析推导中的标准偏差较小）。对应于计算出的 Moran 指数的 z 值，其经验平均值和标准偏差为 7.2941（状态栏右侧的最后一项）。尽管正态近似并不准确，但 z 值确实表明显著拒绝零假设。单击图 3 - 3 中的 Run 按钮将生成新的经验分布。这允许对结果进行灵敏度分析。特别是当仅使用 99 个置换时，汇总统计数据可能会有所不同，但对于 999（并且对于 99999，绝对是最大的可能值），它们应该相当稳定。

（3）标准 Moran 散点图。

我们可以通过使用【Table】>【Calculator】选项来计算 sale_price 的标准化版本及其空间滞后来快速验证结果。在"Calculator"窗口，点击"Univariate"，点击"Result"后面的"Add Variable"按钮。在弹出的"Add Variable"窗口，在"Name"后键入"M_ST"，然后点击"Add"回到"Calculator"窗口，将"Operator"选为"STANDARIZED（Z）"，"Variable/Constant"选为"sale_price"，点击"Apply"。在"Calculator"窗口，点击"Spatial Lag"，点击"Result"后面的"Add Variable"按钮。在弹出的"Add Variable"窗口，在"Name"后键入"M_LAG"，然后点击"Add"回到"Calculator"窗口，将"Variable"选为"M_ST"，点击"Apply"。

点击 GeoDa 主界面第二行的"Table"图标，可以发现"M_LAG"和"M_ST"列增加到了弹出的"Table－clev_sls_154_core"窗口中（见图 3－4）。

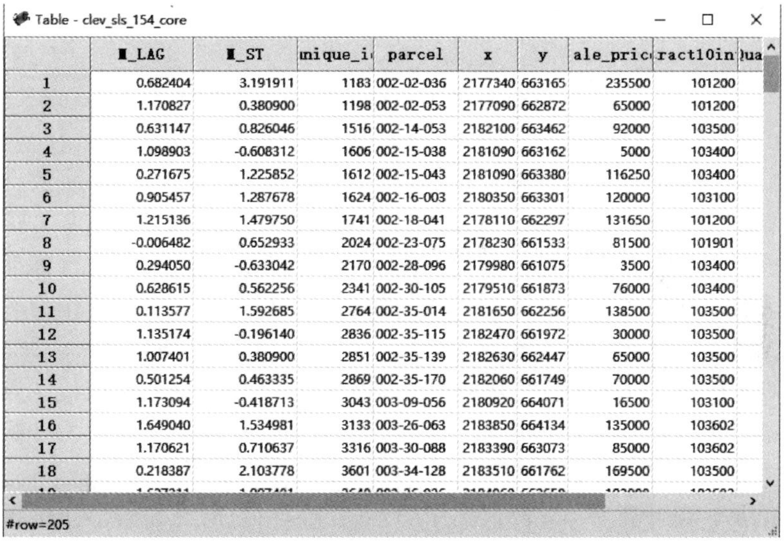

| | M_LAG | M_ST | nique_i | parcel | x | y | ale_pric | ract10in | qua |
|---|---|---|---|---|---|---|---|---|---|
| 1 | 0.682404 | 3.191911 | 1183 | 002-02-036 | 2177340 | 663165 | 235500 | 101200 | |
| 2 | 1.170827 | 0.380900 | 1198 | 002-02-053 | 2177090 | 662872 | 65000 | 101200 | |
| 3 | 0.631147 | 0.826046 | 1516 | 002-14-053 | 2182100 | 663462 | 92000 | 103500 | |
| 4 | 1.098903 | -0.608312 | 1606 | 002-15-038 | 2181090 | 663162 | 5000 | 103400 | |
| 5 | 0.271675 | 1.225852 | 1612 | 002-15-043 | 2181090 | 663380 | 116250 | 103400 | |
| 6 | 0.905457 | 1.287678 | 1624 | 002-16-003 | 2180350 | 663301 | 120000 | 103100 | |
| 7 | 1.215136 | 1.479750 | 1741 | 002-18-041 | 2178110 | 662297 | 131650 | 101200 | |
| 8 | -0.006482 | 0.652933 | 2024 | 002-23-075 | 2178230 | 661533 | 81500 | 101901 | |
| 9 | 0.294050 | -0.633042 | 2170 | 002-28-096 | 2179980 | 661075 | 3500 | 103400 | |
| 10 | 0.628615 | 0.562256 | 2341 | 002-30-105 | 2179510 | 661873 | 76000 | 103100 | |
| 11 | 0.113577 | 1.592685 | 2764 | 002-35-014 | 2181650 | 662256 | 138500 | 103500 | |
| 12 | 1.135174 | -0.196140 | 2836 | 002-35-115 | 2182470 | 661972 | 30000 | 103500 | |
| 13 | 1.007401 | 0.380900 | 2851 | 002-35-139 | 2182630 | 662447 | 65000 | 103500 | |
| 14 | 0.501254 | 0.463335 | 2869 | 002-35-170 | 2182060 | 661749 | 70000 | 103500 | |
| 15 | 1.173094 | -0.418713 | 3043 | 003-09-056 | 2180920 | 664071 | 16500 | 103100 | |
| 16 | 1.649040 | 1.534981 | 3133 | 003-26-063 | 2183850 | 664134 | 135000 | 103602 | |
| 17 | 1.170621 | 0.710637 | 3316 | 003-30-088 | 2183390 | 663073 | 85000 | 103602 | |
| 18 | 0.218387 | 2.103778 | 3601 | 003-34-128 | 2183510 | 661762 | 169500 | 103500 | |

#row=205

图 3－4　加入到表中的变量

通过【Explore】>【Scatter Plot】，在弹出的"Scatter Plot Variables"窗口中，将"Independent Var X"设为"M_ST"，将"Dependent Var Y"设为"M_LAG"，然后点击"OK"，就会弹出标准的散点图（见图 3－5）。与刚才特制的 Moran 散点图不同，此处，统计数据显示在图的下方（标准散点图的默认设置）。这表明线性拟合的斜率为 0.282，与 Moran 散点图给出的 Moran's I 相同。

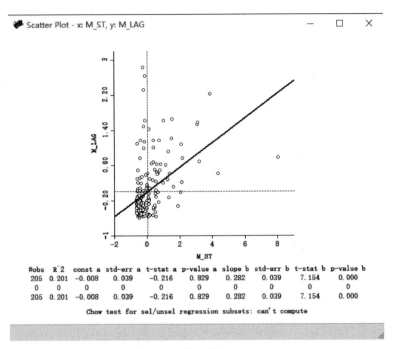

图 3 - 5　标准散点图的 Moran's I

除了纯粹的教学目标外，在实践中也有一些情况，将 Moran 散点图构建为标准图是获得 Moran's I 估计值（作为线性拟合斜率）的唯一方法。我们已经遇到的一个例子是，当我们使用从反向距离度量导出的行标准化权重时。此类权重可用于以通常方式创建空间滞后变量，然后可作为散点图中的 y 轴。

GeoDa 中 Moran 散点图功能的当前实现忽略了权重的特定值，只考虑了连通性的存在（即非零权重）。这是 GeoDa 中所有空间自相关分析所采用的方法。

结果，在计算 Moran 散点图中的空间滞后时，所有邻居都获得相同的权重。

在我们讨论逆距离权重时，我们注意到，不将权重进行行标准化通常很有意义。类似地，包括对角元素的权重（核权重）也是如此。只要权重是行标准化的，并且不包括对角元素，空间滞后对变量的标准散点图的斜率仍然是 Moran's I。

然而，这对于非行标准化的逆距离权重或包括对角元素的权重不起作用。在前一种情况下，斜率估计偏离系数 S0/n。因此，为了恢复 Moran's I 的值，斜率估计值必须乘以。此外，对于非行标准化的空间权重，Moran's I 可能难以解释。

在任何情况下，标准散点图中的线性拟合斜率仅是 Moran's I 的估计，但不提供任何推断。散点图中提供的常用标准误差和 t 统计量不适用于空间情况。需要单独执行明确性置换程序。

**2. 利用 GeoDa 软件绘制二元 Moran 散点图**

打开 GeoDa 软件后，将数据集设为"U. S. County Homicides"。通过【Space】>【Bivariate Moran's I】，也可以直接点击工具条中的空间分析组的【Moran Scatter Plot】。

如果弹出"GeoDa could not find the required weight file. Please specify weights in Tool > Weight manager."窗口，则重复上面提及的步骤（生成空间权重矩阵用变量"FIPS"，并存为"NAT. gal"）。

通过【Space】>【Bivariate moran's I】，在弹出的"Bivariate Moran Variable Settings"窗口，将"First Variable（X）"设为"HR90"，将"Second Variable（Y）"设为"HR80"，下面的"Weights"默认为"NAT"，点击"OK"，即会弹出"Bivariate Moran's I（NAT）：HR90 and lagged HR80"窗口（见图 3 - 6）。这个图的 x 轴为 HR（90），y 轴为 HR（80）的空间滞后（Wy）。线的斜率就是二元 Moran's I，为 0. 360。其他选项与单变量 Moran 散点图一样。

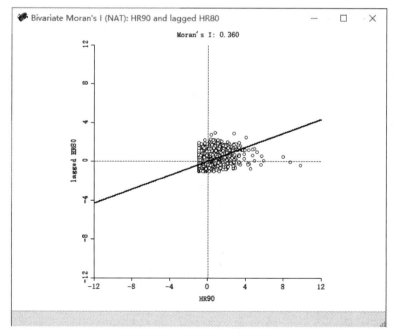

图 3 - 6　二元 Moran 散点图

## 练　习

1. 在 Moran's I 窗口练习其他按钮的功能。

2. 在 Moran's I 窗口练习对 Moan's I 进行 "LOWESS smoother" 操作。

3. 评估二元 Moran's I 的显著性，并绘制标准二元 Moran 散点图。

# 实验 4

# 局域性空间自相关

## 4.1 实验目的

◇ 熟悉 GeoDa 软件绘制局域 Moran 散点图

◇ 熟悉 GeoDa 软件绘制局域 Geary 散点图

◇ 熟悉 GeoDa 软件绘制局域 Getis – Ord 散点图

## 4.2 实验步骤

◇ 读入数据

◇ 数据分析操作

◇ 输出结果

## 4.3 实验内容

**1. 利用 GeoDa 软件绘制局域 Moran 散点图**

（1）绘制 Moran 散点图。

打开 GeoDa 软件后，将数据集设为"Gurry"（在"GeoDa Data"—"guerry"文件夹里），计算权重矩阵。通过【Map】>【Natural Breaks Map】>

【6】，在弹出的"Variable Settings"窗口选择"Donatns"作为"First Variable（x）"，点击"OK"，则会出现"Natural Breaks：Donatns"窗口［见图 4 - 1（1），报错时可重做一遍］。

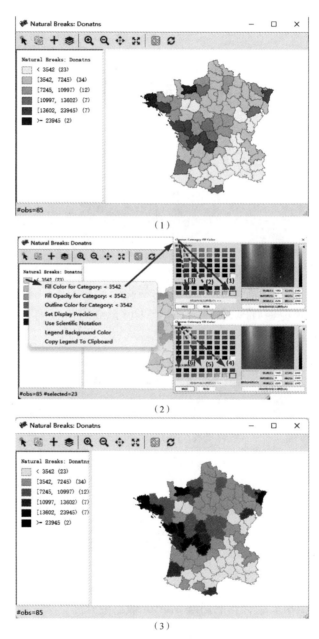

图 4 - 1　Donations - 自然断点图

可以调整各类别的标注的颜色。在"Natural Breaks：Donatns"窗口左边的图例的上面第一图例上点击右键，在弹出的选项中选"Fill Color for Category：<3542"，就会出现"Choose Category Fill Color"窗口。在此窗口中选择箭头（1）所示的颜色（最轻的灰色）[见图4-1（2）]。点击"确定"后，就将第一个类别的标示颜色换成刚才的灰色。依此按照图4-1（2）其他箭头所示设置其他类别的标示颜色。设置完后就得到最终的图如图4-1（3）所示。

通过【Space】>【Univariate Local Moran's I】，在弹出的"Variable Settings"窗口（见图4-2），将"First Variable（X）"设为"Donatns"，下面的"Weights"默认为"guerry"，点击"OK"，在弹出的"What window to open?"窗口，默认提供"Cluster Map"，还可以提供"Significance Map"和"Moran Scatter Plot"，我们勾选"Significance Map"，然后点击"OK"，则会弹出"LISA Significance Map：Guerry，I_Donatns（999 perm）"窗口和"LISA Cluster Map：Guerry，I_Donatns（999 perm）"窗口。

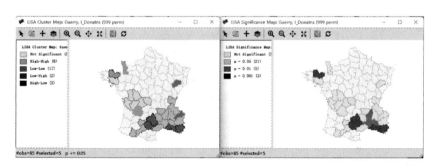

图4-2　默认 Moran 显著性地图（p<0.05）

显著性地图显示具有显著局部统计的位置，显著性程度反映在越来越深的绿色阴影中。该图从 p<0.05 开始，显示了对于给定数量的置换有意义的所有重要类别。在我们的示例中，由于有 999 个置换，最小的伪 p 值为 0.001，有 4 个这样的位置（最深的阴影）。

聚类图根据 Moran 散点图中值的位置及其空间滞后，通过空间关联类型的指示来增加重要位置（另见下文讨论）。在本示例中的高—高聚类（在我们的示例中为 8 个）、低—低聚类（17 个位置）、低—高空间离群值（2 个位置）、高—低空间离群点（2 个地点）等 4 个类别都被不同深浅的灰色表示。

在"LISA Significance Map：Guerry，I_Donatns（999 perm）"窗口的空白处右键，选择"Save Result"，在弹出的"Save Result：LISA"窗口点击 OK，则会将结果保存到该数据集的表中。点击 GeoDa 主界面的 Table 图标，

在弹出的"Table – guerry"窗口，把下面的滚动条拉到最右边，则可以看见刚才保存的变量（见图 4 – 3）。

| | n | Instrct | Prsttts | Distanc | Area | Pop1831 | LISA_I | LISA_CL | LISA_P |
|---|---|---|---|---|---|---|---|---|---|
| 1 | 00 | 46.000000 | 13.000000 | 218.372000 | 5762.000000 | 346.030000 | 0.242433 | 2 | 0.029000 |
| 2 | 00 | 24.000000 | 327.000000 | 65.945000 | 7369.000000 | 513.000000 | -0.124561 | 0 | 0.270000 |
| 3 | 00 | 85.000000 | 34.000000 | 161.927000 | 7340.000000 | 298.260000 | 0.113472 | 0 | 0.305000 |
| 4 | 00 | 29.000000 | 2.000000 | 351.399000 | 6925.000000 | 155.900000 | 0.565504 | 2 | 0.034000 |
| 5 | 00 | 7.000000 | 1.000000 | 320.280000 | 5549.000000 | 129.100000 | -0.035425 | 4 | 0.043000 |
| 6 | 00 | 62.000000 | 1.000000 | 279.413000 | 5529.000000 | 340.730000 | 0.590036 | 2 | 0.001000 |
| 7 | 00 | 9.000000 | 83.000000 | 105.694000 | 5229.000000 | 289.620000 | 0.014171 | 0 | 0.392000 |
| 8 | 00 | 77.000000 | 3.000000 | 385.313000 | 4890.000000 | 253.120000 | 0.164011 | 2 | 0.372000 |
| 9 | 00 | 15.000000 | 207.000000 | 83.244000 | 6004.000000 | 246.360000 | 0.356211 | 0 | 0.070000 |
| 10 | 00 | 48.000000 | 1.000000 | 370.949000 | 6139.000000 | 270.130000 | 0.385766 | 0 | 0.152000 |
| 11 | 00 | 44.000000 | 4.000000 | 296.089000 | 8735.000000 | 359.060000 | 0.487972 | 2 | 0.008000 |
| 12 | 00 | 43.000000 | 25.000000 | 362.568000 | 5087.000000 | 359.470000 | 0.834402 | 2 | 0.003000 |
| 13 | 00 | 22.000000 | 194.000000 | 117.487000 | 5548.000000 | 494.700000 | 1.773841 | 0 | 0.165000 |
| 14 | 00 | 51.000000 | 20.000000 | 245.849000 | 5726.000000 | 258.590000 | 0.114789 | 0 | 0.307000 |
| 15 | 00 | 47.000000 | 8.000000 | 224.339000 | 5956.000000 | 362.530000 | 1.397158 | 1 | 0.019000 |
| 16 | 00 | 42.000000 | 27.000000 | 238.538000 | 6864.000000 | 445.250000 | 1.145336 | 1 | 0.037000 |
| 17 | 00 | 83.000000 | 26.000000 | 116.257000 | 7235.000000 | 256.060000 | 0.275478 | 0 | 0.135000 |
| 18 | 00 | 86.000000 | 3.000000 | 227.899000 | 5857.000000 | 294.830000 | 0.257058 | 0 | 0.276000 |

#row=85

图 4 – 3　Moran 散点图

（2）集聚。

先绘制变量"Donatns" Moran 散点图，然后选择了 Moran 散点图右上象限中的所有位置。尽管散点图中选择了 22 个点，但地图上只有 9 个位置具有显著性（p < 0.05）（见图 4 – 4）。

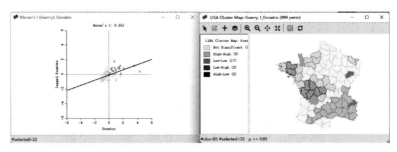

图 4 – 4　Moran 散点图 H – H（High – High）位置

这也可以使用相反的逻辑来说明，从集聚地图开始，通过选择那些被识别为重要的 H – H 集聚中心的位置。在图 4 – 5 的右侧面板中，这是通过单击图例中"High – High"旁边的矩形来完成的。所有对应的聚类中心在地图上显示为深色，而其他位置更透明。通过链接，我们可以在左侧面板的 Moran 散点图中识别匹配的 9 个点。

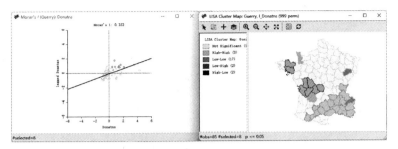

**图4-5 H-H集聚位置**

对于"Low - Low""Low - High""High - Low"等类型也可以执行上述操作。

可以在"LISA Significance Map：Guerry，I_Donatns（999 perm）"窗口的空白处右键，选择【Significance Filter】设置相应的 p 值。

还可以绘制中位数局域 Moran 散点图（【Space】>【Univariate Median Local Moran's I】）、差分局域 Moran 散点图（【Space】>【Differential Local Moran's I】）、二元局域 Moran 散点图（【Space】>【Bivariate Local Moran's I】）和实验贝叶斯比局域 Moran 散点图（【Space】>【Local Moran's I with EB rate】）。

**2. 利用 GeoDa 软件绘制局域 Geary 散点图**

通过【Space】>【Univariate Local Geary】，在弹出的"Variable Settings"窗口，将"First Variable（X）"设为"Donatns"，下面的"Weights"默认为"guerry"，点击"OK"，在弹出的"What window to open?"窗口，默认提供"Cluster Map"，还提供"Significance Map"，勾选"Significance Map"，然后点击"OK"，则会弹出"Local Geary Significance Map：Guerry C_Donatns（999perm）"窗口和"Local Geary Cluster Map（gurry）：Guerry C_Donatns（999perm）"窗口（见4-6）。

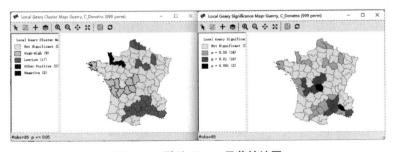

**图4-6 默认 Geary 显著性地图**

还可以绘制多元局域 Geary 散点图（【Space】>【Multivariate Local Geary】）。

其他的一些选项和操作与局域 Moran 散点图相似，在此不赘述。关于集聚的操作也与 Moran 散点图相似，在此不赘述。

### 3. 利用 GeoDa 软件计算 Getis – Ord 统计量

通过【Space】>【Local G】或者【Space】>【Local G *】，在弹出的"Variable Settings"窗口，将"First Variable（X）"设为"Donatns"，下面的"Weights"默认为"guerry"，点击"OK"，在弹出的"What window to open?"窗口，默认提供"Cluster Map"，还提供"Significance Map"，默认勾选"using row-standardized weight"。勾选"Significance Map"，然后点击"OK"，则会弹出"Gi Significance Map（guerry）：Donatns, pseudo p（999perm），row-sstandardized W"窗口和"Gi Cluster Map（guerry）：Donatns, pseudo p（999perm），row-sstandardized W"窗口（见 4 – 7）。

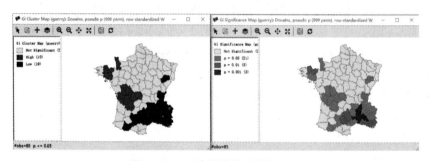

**图 4 – 7　Gi 统计量默认集聚地图**

集聚图显示了 10 个高—高集群核心或热点，以及 19 个低—低集群核心或冷点。请注意，这些位置与为局部 Moran 确定的位置完全相同，但空间异常值现在被分类为集群的一部分（一个在高—高组中，一个在低—低组中）。

其他的一些选项和操作与局域 Moran 散点图相似，在此不赘述。

练　习

1. 对于"Low – Low""Low – High""High – Low"等类型进行集聚的操作。

2. 将"LISA Significance Map：Guerry, I_Donatns（999 perm）"窗口将 p 值设置为 0.01，重复上述操作。

3. 绘制多元局域 Geary 散点图（【Space】>【Multivariate Local Geary】）。

实验 5

# 基于密度的集聚分析

## 5.1 实验目的

◇ 熟悉 GeoDa 软件绘制热点图
◇ 熟悉 GeoDa 软件绘制 DBScan * 图

## 5.2 实验步骤

◇ 读入数据
◇ 数据分析操作
◇ 输出结果

## 5.3 实验内容

**1. 利用 GeoDa 软件绘制热点图**

打开 GeoDa 软件后，先导入"liq_Chicago"，在出现的"Map – liq_Chica-go"窗口点击其中的"＋"图标，然后按照以前的步骤，加入"ChicagoB-oundary"数据（顺序不能反，这两个数据都在配套的"Data and M">"Geo-Da Data">"liquor"文件夹里）。在空白处右键，通过【heat Map】>【Specify Bandwith】，在弹出的"Heat Map Bandwith Setup Dialog"窗口使用默认的值，点击"Close"，这将显示默认的热图，该热图是为对应于最大—最小距离的带宽创建的，即最大的最近邻距离。这确保每个点至少有一个邻居（见图5-1）。

图 5-1　默认设置的热图

默认设置几乎从来都不是非常有用的，尤其是当点分布不均匀时。例如，在将带宽设置为3000后，显示了一个更有趣的模式，即城市北侧附近的点更集中（见图5-2）。

图 5-2　带宽设置为 3000 的热图

最后，热图具有所有常用的自定义选项，例如更改填充颜色、轮廓颜色或透明度。

### 2. 利用 GeoDa 绘制 DBScan ＊地图

通过 GeoDa 的主界面的【Cluster】>【DBScan】，在弹出的"DBScan Clustering Settings"窗口中，在"Select Variables"下选择" < X – Centroids >"和" < Y – Centroids >"，将"Method："去掉勾选"DBScan"，勾选"DBScan ＊"（这也会激活"Min Cluster Size"选项，默认情况下该选项设置为等于最小点。后者初始化为4）。距离阈值的起点再次确保每个点至少有一个邻居的距离。将变换（"Transformation"）设置为"Raw"，该值以英尺为单位，以保持原始坐标单位。将"Distance Threshold（epsilon）"设为3000。点击"Run"，则右侧的"Dendrogram"会出现相应的"Mutual Reachability Distance"图（见图5 – 3）。点击"Save/Show Map"，将聚类分类保存到数据表中，并呈现相应的聚类图（见图5 – 4）。12 个聚类的大小范围为221 到4，其中194 个观测值被分类为噪声。它们遵循与图10 中 DBScan 相同的一般模式，但似乎更紧凑。回想一下，后者产生了19 个簇，大小从233 到4，有122 个噪声点。

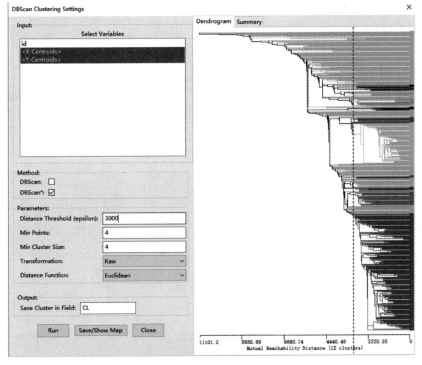

**图5 – 3　DBScan ＊ 树状图**

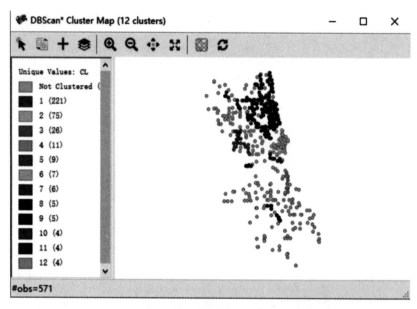

图 5 - 4  DBScan ∗ 集聚图

将"Distance Threshold（epsilon）"设为 2000。则会得到略有不同的树状图及其集聚图。

# 练　习

1. 更改热图的填充颜色、轮廓颜色或透明度。

2. 将 DBScan ∗ 集聚图的"Distance Threshold（epsilon）"设为 2000，重复相应的操作。

## 实验 6

# 空 间 集 聚 分 析

## 6.1 实 验 目 的

◇ 熟悉 GeoDa 软件运用空间化经典聚类方法绘制聚类图
◇ 熟悉 GeoDa 软件绘制 REDCAP 图

## 6.2 实 验 步 骤

◇ 读入数据
◇ 数据分析操作
◇ 输出结果

## 6.3 实 验 内 容

**1. 利用 GeoDa 软件绘制空间化经典聚类图**

（1）包含地理坐标的经典聚类。

经典聚类过程只处理属性相似性。因此，它们不能保证产生的集聚在空间上是连续的，也不能保证它们的设计是如此。一种方法是将观测值的几何质心作为聚类过程的一部分，将其作为变量添加到属性集合中，并确保坐标以投影单位表示。此外，当东—西和北—南维度非常不同时，聚类程序中的标准变量转换可能会扭曲地理特征。对于 Guerry 数据这样的近似方形的区域，这可能是一个小问题，但对于狭长地理区域，通用范围的标准化将更加重视较短维度。由于标准化，较短维度中的较小距离将具有与较长维度中的较大距离相同的权重，因为后者在标准化中更为压缩。与我们在仅基于地理坐标进行聚类时所追求的不同，将所有变量（包括非地理属性）保留为原始格式是不可取的。

打开 GeoDa 软件后，先后导入"guerry"数据。通过【Clusters】>【K Means】，在弹出的"KMeans Clustering Settings"窗口，将"Input"的"Select Variables"设为 Crm prs、Crm prp、Litercy、Donatns、Infants 和 Suicids，"Number of Clusters"设为 4，将"output"的"Save Cluster in Field"设为"CL1"，点击"Run"，则会弹出"KMeans Cluster Map（4 cluster）"窗口（见图 6 - 1）。

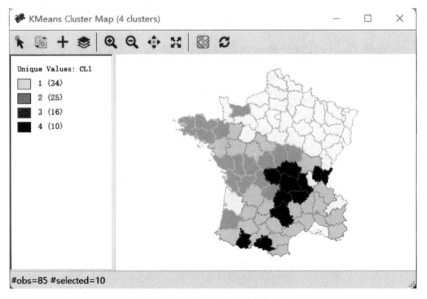

图 6 - 1　6 变量 4 类的集聚图

按照相似的步骤可以获得"KMedoids Cluster Map（4 cluster）""Spetral Clustering Map（4 cluster）"和"Hierarchical Cluster Map（4 cluster）"。对于 Spetral Clustering，将"K - NN"设为 4。将其他三图分别保存为 CL2、CL3 和 CL4。从结果来看，结果因方法而异。在拟合方面，从各方法的"Summary"的"The ratio of between to total sum of square"来看，K means 的结果最好，值为 0.433764。

作为每个集群一部分的观测的地理分组不是很连续。通常，有一个或两个集群接近，但都有一些远程断开的部分。其他集群在空间上更为分散。

包含 x – y 坐标的解决方案。

我们现在重复该过程，但在聚类分析的属性中包含两个质心。为了确保检查地理坐标的有效性，我们需要从列表中除了选择刚才的 6 个变量，还选择 < X – Centroids > 和 < Y-centroid > 变量。其他的设置与刚才的一样，只是"spectral clustering"设置 knn = 2。

从聚类的结果（见图 6 – 2）来看，虽然没有实现完全连续的集群，但空间布局比基本解决方案更结构化。就总体拟合而言，我们的 K means 的 SS 与总 SS 之比最高（0. 458）。请注意，该度量现在包括几何坐标作为相异性度量的一部分，因此所得比率与基本情况并不具有可比性。

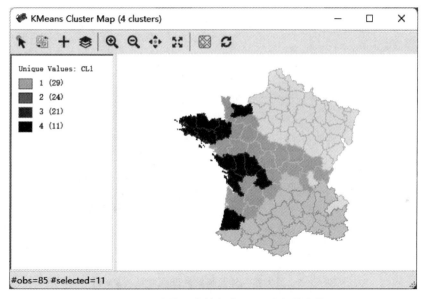

图 6 – 2    6 变量 4 类的包含 x – y 坐标的集聚

对于除分层聚类外的所有聚类，四个聚类中的两个是连续的，第三个聚类只缺少一个或两个观测值，第四个聚类在空间上更分散。对于分层聚类，只有一个分组是连续的，两个分组几乎相同，第四个分组更分散。

结果表明，包括坐标确实提供了一种形式的空间限定，虽然不完美，但结果因方法而异，并取决于指定的聚类数（k）以及属性变量的数量。本质上，该方法对所有变量赋予相同的权重，因此输入变量的属性维数越高，空间坐标将获得的权重越小。因此，可能的空间强制力越小。

在下一种方法中，明确了属性变量相对于地理变量的相对权重。

（2）属性和地理相似性的加权优化的聚类。

当在聚类练习中包括变量之间的地理坐标时，每个变量的权重相等。相反，在加权优化中，坐标变量与规则属性分开处理，在这个意义上，我们现在可以将问题视为具有两个目标函数。一个关注规则属性的相似性（在我们的示例中，6 个变量），另一个关注几何形心的相似性。权重改变每个目标的相对重要性。对与规则属性相关的相异性和与地理坐标相关的相像性赋予相对权重。随着地理部分的重量增加，会发生更多的空间强迫。

其操作与刚才相似。以 K Means 为例，在弹出的"KMeans Clustering Settings"窗口中勾选"Use geomatric centroids"，不选择 < X – Centroids > 和 < Y-centroid > 变量。得到的结果如图 6 – 3 所示。

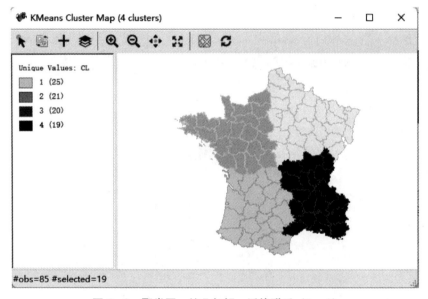

图 6 – 3　聚类图 – 纯几何解 – 沃德联系（k = 4）

我们也可以手动改变权重。在弹出的"KMeans Clustering Settings"窗口中勾选"Use geomatric centroids"后，在"Weighting"后可以输入相应的数字，或者拉动滚动条来改变权重。

在大多数实际应用中，手工执行这些操作是不切实际的。在弹出的"KMeans Clustering Settings"窗口中勾选"Use geomatric centroids"，设置"Number of Clusters"为 4 后，点击"Use geomatric centroids"右边的"Auto Weighting"，在权重框中给出了对分搜索的解决方案。"KMeans"的结果为 0.45。相应的聚类图如图 6 – 4 所示。

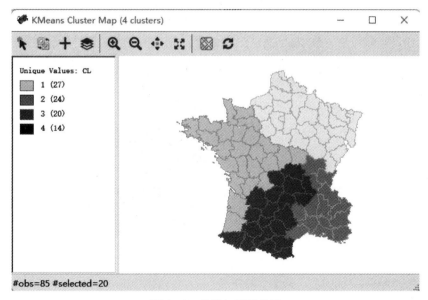

图6-4　最优权重聚类图

## 2. 基于层次方法的空间约束聚类

空间约束层次聚类（Spatially Constrained Hierarchical Clustering, SCHC）是约束聚类的一种特殊形式，其中约束基于邻接性（公共边界）。空间约束更为复杂，因为它直接影响元素单元合并为较大实体的方式。它可以通过【Cluster】>【SCHC】来操作。SKATER算法基于反映观测之间的邻接结构的最小生成树的最优修剪。其出发点是相异矩阵，仅包含连续观测的权重。它可以通过【Cluster】>【skatr】来操作。

而REDCAP方法集结合了SCHC和SKATER的观点，区分了链接更新功能（最初是单个、完整和平均链接）和连续性处理。通过【Cluster】>【redcap】，在弹出的"REDCAP settings"窗口中，为"Select Variables"选择Crm_prs、Crm_prp、Litercy、Donatns、Infants和Suicids变量，"Number of Regions"设为6，"Method"设为"FullOrder-WardLinkage"，"Save Cluster in Field"键入"CLredcap"，点击"Run"，则会出现"REDCAP Cluster Map（6 clusters）"窗口（见图6-5）。

在聚类图的空白处点击右键，通过【Conectivity】>【Show Graph】加载刚才的生成树。

在弹出的"REDCAP settings"窗口中，"Method"可以设为"FirstOrder-SingleLinkage""Full-Order Averagelinkage""Full-Order Completelinkage""Full-Order Singlelinkage"。

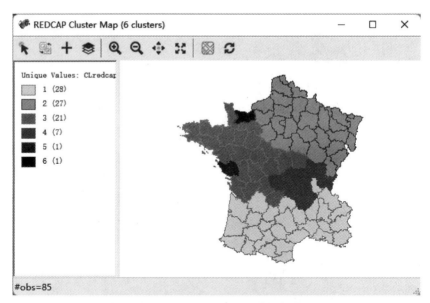

图6-5 全阶 Ward 链接 REDCAP 聚类图

可以根据许多不同的标准对结果进行评估。GeoDa 报告了平方和与总平方和的比率，但这只是一系列可能的指标之一，其他有紧凑性、平衡性等。此外，各种方法之间的共性和差异突出了权衡尤为关键的地方。不同算法提供的解决方案不能保证产生全局最优。因此，重要的是考虑多种方法，以便深入了解结果对所选方法的敏感性。

## 练 习

1. 绘制 KMedoids、Spetral 和 Hierarchical 的最优权重聚类图。

2. 使用 "FirstOrder - SingleLinkage" "Full - Order Averagelinkage" "Full - Order Completelinkage" "Full - Order Singlelinkage" 等方法绘制 REDCAP 聚类图及相应的生成树图。

# 空间截面数据模型篇

实验 7

# 空 间 滞 后 模 型

## 7.1 实 验 目 的

◇ 学习使用 Matlab 的 moran 命令检验空间依赖性，理解 moran 命令的结果
◇ 学习使用 Matlab 的 far 命令估计一阶空间自相关，理解该命令的结果
◇ 学习使用 Matlab 的 sar 命令估计空间滞后模型，理解该命令的结果

## 7.2 实 验 步 骤

◇ 检验残差的空间依赖性
◇ 设置参数
◇ 估计模型
◇ 输出结果

## 7.3 实 验 内 容

**1. 检验残差的空间依赖性**
使用的函数：moran，用法是：

```
result = moran(y,[xconstant x],W)
```

result 为 moran 检验的结果，y 为被解释变量，xconstant 为常数项，x 为解释变量，W 为空间权重矩阵。

Matlab 代码如下：

```
% 检验普通最小二乘模型的残差是否存在空间依赖性
clear; clc;
A = csvread('columbus.csv',1,0);
W1 = csvread('Wcolumbus.csv');
W = normw(W1);      % 将矩阵"W1"进行标准化
y = A(:,[2]);
x = A(:,[3,4]);
nobs = length(y);
xconstant = ones(nobs,1);
% Moran test
result = moran(y,[xconstant x],W);
prt(result);
```

运行结果如下：

```
Moran I - test for spatial correlation in residuals

Moran I                    0.22210943
Moran I - statistic        2.83931921
Marginal Probability       0.00452099
mean                      -0.03341833
standard deviation         0.08999614
```

从结果来看，第一行"Moran I"表示 Moran's I 数值为 0.22210943；第二行"Moran I - statistic"表示统计量为 2.83931921；第三行"Marginal Probability"表示检验的伴随概率为 0.00452099，说明在 1% 的显著性水平下拒绝"不存在空间自相关"的原假设。换言之，y 与 x 的 OLS 模型回归后的残差项存在显著的空间依赖性。因此，OLS 模型不再适用，进而需要考虑空间计量模型。

### 2. 使用 far 函数估计一阶空间自相关

使用的函数：far，其用法如下：

```
result = far(y,W,info)
```

其中，y 为被解释变量，W 为空间权重矩阵。输入参数 info 是一个结构体，其不同设置的含义，如下所示：

info. rmin：可选项，设定搜索时 p 的最小值。

info. rmax：可选项，设定搜索时 p 的最大值。

info. convg：可选项，收敛的标准（默认为 le—8）。

Info. maxit：最大迭代次数（默认为 500 次）。

info. lflag：这个参数包含 3 个选项；其中 info. lflag = 0 表示完全计算，得到精确的结果；info. lflag = 1 表示得到佩斯和巴里（Pace and Barry，1999）的蒙特卡洛近似值（MC approximation），当样本量或者说空间单元数量巨大的时候，选用这个参数，并且该参数也是默认值；info. Lflag = 2 表示得到佩斯和巴里（1999）的样条近似值（spline approximation）（计算速度较快）。这是本书最关注的选项是"info. lflag"，在后面的演示中，该选项全部被设定为 info. lflag = 0。这是由于本例使用的数据只有 49 个样本，计算量很小。

info. order：使用选项"info. lflag = 1"的次序（默认为 50）。

info. iter：使用选项"info. lflag = 1"的迭代次数（默认为 30）。

info. lndet：由函数命令 sar、sar_g、sarp_g 等返回的一个特殊矩阵，用于节约计算时间。

Matlab 代码如下：

```
% 估计一阶空间自回归模型
clear; clc; clf;
A = csvread('columbus. csv',1,0);
W1 = csvread('Wcolumbus. csv');
W = normw(W1);
y = A(:,[2]);
% 设置参数
info. lflag = 0;
% 估计模型和绘制残差图
result = far(y,W,info);
vnames = strvcat('crime','W* crime');
prt(result,vnames);
```

```
plt(result,vnames);
```

运行结果如下:

```
First-order spatial autoregressive model Estimates
Dependent Variable   =          crime
R-squared            =          0.4278
sigma^2              =          156.9281
log-likelihood       =          -351.22727
Nobs,Nvars           =          49,  1
# of iterations      =          18
total time in secs   =          0.6820
time for optimiz     =          0.1300
time for lndet       =          0.0700
time for eigs        =          0.3200
time for t-stat      =          0.0300
min and max rho      =          -1.5345,  1.0000
No lndet approximation used
***********************************************************************
Variable    Coefficient      Asymptot t-stat    z-probability
rho          0.908449         14.510750          0.000000
```

由上述结果可知,回归估计后的因变量空间滞后项的参数(空间自回归系数)等于 0.908449,z-probability 为 0.000000。由于在一阶空间自回归模型中没有添加任何自变量,因此估计出的空间自回归系数会偏大。如果设置 info. lflag = 1,则回归估计后的因变量空间滞后项的参数(空间自回归系数)等于 0.902987,z-probability 为 0.000000。如果设置 info. lflag = 2,则回归估计后的因变量空间滞后项的参数(空间自回归系数)等于 0.910973,z-probability 为 0.000000。

对一阶空间自回归模型回归估计后的残差进行 Moran's I 检验(result = moran(y,[xconstant y],W))。Moran's I 检验的结果显示,Moran I 为 0.54103535,Moran I-statistic 为 6.31317227,概率值为 0.000000 00,说明在 5% 的显著性水平下拒绝"不存在空间依赖性"的原假设。

### 3. 使用 sar 估计空间滞后模型

使用的函数: sar,其用法如下:

```
result = sar(y,[xconstant x],W,info)
```

其中，y 为被解释变量，W 为空间权重矩阵。输入参数 info 是一个结构体，与 far 函数非常相似，但是在 sar 函数命令里又多出了两个选项，如下所示：

（1）info. eig：当 info. eig = 0 时，默认 rmin = − 1，rmax = 1。当 info. eig = 1 时，它用于特征根的计算。

（2）info. ndraw：抽样次数（默认为 1000 次）。

Matlab 代码如下：

```
% 估计空间滞后模型
clear; clc;
A = csvread('columbus. csv',1,0);
W1 = csvread('Wcolumbus. csv');
W = normw(W1);
y = A(:,[2]);
x = A(:,[3,4]);
nobs = length(y);
xconstant = ones(nobs,1);
% 设置参数
info. lflag = 0;
% 估计模型
result = sar(y,[xconstant x],W,info);
vnames = strvcat('crime','constant','income','hoval');
prt(result,vnames,1);
```

运行结果如下：

```
Spatial autoregressive Model Estimates
Dependent Variable    =          crime
R - squared           =          0.5800
Rbar - squared        =          0.5617
sigma^2               =          96.9107
Nobs, Nvars           =          49,    3
log - likelihood      =          -165.68635
# of iterations       =             15
min and max rho       =          -1.0000,  1.0000
total time in secs    =          0.1010
```

```
time for lndet        =   0.0110
time for t-stats      =   0.0100
time for x-impacts    =   0.0310
# draws  x-impacts    =   1000
No lndet approximation used
*******************************************************************
Variable   Coefficient   Asymptot t-stat   z-probability
constant   45.729878       6.294859         0.000000
income     -1.051746      -3.420343         0.000625
hoval      -0.266377      -2.988941         0.002799
rho         0.420996       3.516208         0.000438


Direct     Coefficient   t-stat    t-prob     lower 01    upper 99
income     -1.104504     -3.609976  0.000719  -1.853979   -0.350840
hoval      -0.281952     -3.057945  0.003605  -0.509222   -0.037123


Indirect   Coefficient   t-stat    t-prob     lower 01    upper 99
income     -0.779779     -1.791740  0.079351  -2.629510   -0.147184
hoval      -0.203376     -1.686356  0.098085  -0.715279   -0.017824


Total      Coefficient   t-stat    t-prob     lower 01    upper 99
income     -1.884283     -3.077075  0.003417  -4.069780   -0.568327
hoval      -0.485328     -2.588017  0.012668  -1.158657   -0.066657
```

估计的结果分为两部分。第一部分报告的是空间滞后模型回归估计后各个自变量的估计系数。第二部分报告的是各个自变量的直接效应和间接效应。

由第一部分结果可知，自变量 income 和 hoval 均在 1% 的显著性水平下拒绝了原假设，说明家庭收入和房屋价格的提高均能显著地减少入室抢劫和盗窃车辆案件发生的数量。

再来重点分析最后一个系数 rho（$\rho$），这是因变量空间滞后项 W × crime 的估计系数，也被称作空间自回归系数。rho 的系数值为 0.420996，t 统计量为 3.516208，伴随概率为 0.000438，说明在 1% 的显著性水平下拒绝了"$H_0$：rho（$\rho$）等于 0"的原假设，即本地区入室抢劫和盗窃车辆案件与周围地区的入室抢劫和盗窃车辆案件在空间上相关。rho 的系数值为 0.420996，说明周围地区入室抢劫和盗窃车辆案件发生的数量越多，那么本地区入室抢劫和盗窃车辆案件发生的数量也会越多。

第二部分直接效应和间接效应的结果总体上分为上、中、下三块，分别汇报了各个自变量的直接效应（direct）、间接效应（indirect）和总效应（total）。

直接效应方面，自变量income直接效应的计算结果为 – 1.104504，t统计量为 – 3.609976，伴随概率为0.000719，说明在1%的显著性水平下拒绝"自变量income直接效应为0"的原假设。自变量hoval直接效应的计算结果为 – 0.281952，t统计量为 – 3.057945，伴随概率为0.003605，说明在1%的显著性水平下拒绝"自变量hoval直接效应为0"的原假设。这两个自变量的直接效应在统计上均十分显著。

间接效应方面，自变量income间接效应的计算结果为 – 0.779779，t统计量为 – 1.791740，伴随概率为0.079351，说明在10%的显著性水平下拒绝"自变量income间接效应为0"的原假设。自变量hoval间接效应的计算结果为 – 0.203376，t统计量为 – 1.686356，伴随概率为0.098085，说明在10%显著性水平下拒绝"自变量hoval间接效应为0"的原假设。

总效应等于直接效应和间接效应之和。自变量income的总效应的t统计量的伴随概率分别为0.003417，说明在1%的显著性水平下拒绝"自变量income总效应为0"的原假设。自变量hoval的总效应的t统计量的伴随概率分别为0.012668，说明在5%的显著性水平下拒绝"自变量hoval总效应为0"的原假设。这说明本地区的家庭收入和房屋价格以及邻近地区家庭收入和房屋价格的提高均能显著地减少本地区入室抢劫和盗窃车辆案件发生的数量。

## 练　习

使用countyg数据（在"data"文件夹里）重复上述操作。

注意：在操作前，仔细阅读"countyg. txt"文件。后面的练习与此相同。

## 实验 8
# 空 间 误 差 模 型

## 8.1 实 验 目 的

◇ 学习使用 Matlab 的 sem 命令估计空间误差模型，理解该命令的结果
◇ 学习使用 Matlab 的 LMsarsem_panel 命令来确定选择 SAR 或 SEM 模型，理解该命令的结果

## 8.2 实 验 步 骤

◇ 读入数据
◇ 设置参数
◇ 估计模型
◇ 输出结果

## 8.3 实 验 内 容

**1. 使用 sem 命令估计空间误差模型**
使用的函数：sem，其用法如下：

```
result = sem(y,[xconstant x],W,info)
```

其中，变量和参数的含义与 sar 函数一样。

Matlab 代码如下：

```
% 估计空间误差模型
clear; clc;
A = csvread('columbus. csv',1,0);
W1 = csvread('Wcolumbus. csv');
W = normw(W1);
y = A(:,[2]);
x = A(:,[3,4]);
nobs = length(y);
xconstant = ones(nobs,1);
% 设置参数
info. lflag = 0;
% 估计模型
result = sem(y,[xconstant x],W,info);
vnames = strvcat('crime','constant','income','hoval');
prt(result,vnames,1);
```

运行结果如下：

```
Spatial error Model Estimates
Dependent Variable     =          crime
R - squared            =          0.6439
Rbar - squared         =          0.6284
sigma^2                =          97.6659
log - likelihood       =         - 166.75885
Nobs,Nvars             =          49,      3
# iterations           =           0
min and max rho        =       - 0.9900,  0.9900
total time in secs     =          0.7260
time for optimiz       =          0.1600
time for lndet         =          0.1280
time for t - stats     =          0.1120
No lndet approximation used
***************************************************************
```

| Variable | Coefficient | Asymptot t-stat | z-probability |
|----------|-------------|-----------------|---------------|
| constant | 60.275606 | 11.232056 | 0.000000 |
| income | -0.957031 | -2.863413 | 0.004191 |
| hoval | -0.304566 | -3.308953 | 0.000936 |
| lambda | 0.547000 | 3.963705 | 0.000074 |

由上述结果可知，income 和 hoval 均在 1% 的显著性水平下拒绝了原假设，说明家庭收入和房屋价格的提高均能显著地减少入室抢劫和盗窃车辆案件发生的数量。

系数 lambda($\lambda$) 为误差项空间滞后项 $W\varepsilon$ 的估计系数，也被称作空间自相关系数。系数值为 0.547000，t 统计量为 3.963705，t 统计量的伴随概率为 0.000074，说明在 1% 的显著性水平下拒绝了"$H_0$：lambda($\lambda$) 等于 0"的原假设。这说明误差项存在空间依赖性，通过在方程中控制 $W\varepsilon$ 项剔除了空间依赖性。

**2. 使用 LMsarsem_panel 命令来确定选择 SAR 或 SEM 模型**

使用的函数：LMsarsem_panel，其用法如下：

```
LMsarsem_panel(result,W,y,[xconstant x])
```

其中，变量和参数的含义与 sar 函数一样。这里采用的是空间面板数据模型中的 LM 检验，主要有两点原因：一是"jplv7"工具箱中没有包含稳健性的 LM 检验，因此，实现起来比较烦琐；二是空间面板数据模型中的 LM 检验也可以用在截面数据中，将截面数据看作是 t = 1 的面板数据即可。

Matlab 代码如下：

```
% 拉格朗日乘子检验
clear; clc;
A = csvread('columbus.csv',1,0);
W1 = csvread('Wcolumbus.csv');
W = normw(W1);
y = A(:,[2]);
x = A(:,[3,4]);
nobs = length(y);
xconstant = ones(nobs,1);
result = ols(y,[xconstant x]);
LMsarsem_panel(result,W,y,[xconstant x]);
```

运行结果如下：

```
LM test no spatial lag,probability          =   8.8980,    0.003
robust LM test no spatial lag,probability   =   3.7357,    0.053
LM test no spatial error,probability        =   5.2062,    0.023
robust LM test no spatial error,probability =   0.0439,    0.834
```

由上述结果可知，左边第 1 列标记出了 4 个 LM 统计量，第 2 列是统计量相应的值，第 3 列则是相应的伴随概率。

从第 3 列结果来看，第 1 个统计量（LM – lag）和第 3 个统计量（LM – error）的伴随概率都小于 0.05，这 2 个统计量都在 5% 的显著性水平下拒绝了原假设。根据这两个统计量无法判断究竟选择空间滞后模型还是空间误差模型。这时候需要借助稳健性的 LM 检验。

第 2 个统计量（robust LM – lag）的伴随概率为 0.053，说明在大约 5% 的显著性水平下拒绝了原假设，即拒绝了"不是空间滞后模型"的原假设；而最后一个统计量（robust LM – error）的伴随概率为 0.834，说明在 10% 的显著性水平下无法拒绝"不是空间误差模型"的原假设。综合第 2 个和第 4 个统计量的检验结果来看，模型应该选择空间滞后模型。

## 练　　习

使用 elect 数据重复上述操作。

# 实验 9
# 空间杜宾模型

## 9.1 实验目的

◇ 学习使用 Matlab 的 sdm 命令估计空间杜宾模型，理解该命令的结果
◇ 学习使用 Matlab 的 sar 命令估计空间杜宾模型，理解该命令的结果
◇ 学习使用 Matlab 的 sar 命令估计非完全形式的空间杜宾模型，理解该命令的结果

## 9.2 实验步骤

◇ 读入数据
◇ 设置参数
◇ 估计模型
◇ 输出结果

## 9.3 实验内容

**1. 使用 sdm 命令估计空间杜宾模型**
使用的函数：sdm，其用法如下：

```
result = sdm(y,[xconstant x],W,info)
```

其中，变量和参数的含义与 sar 函数一样。

Matlab 代码如下：

```
% 估计空间杜宾模型
clear; clc;
A = csvread('columbus. csv',1,0);
W1 = csvread('Wcolumbus. csv');
W = normw(W1);
y = A(:,[2]);
x = A(:,[3,4]);
nobs = length(y);
xconstant = ones(nobs,1);
% 设置参数
info. lflag = 0;
% 估计模型
result = sdm(y,[xconstant x],W,info);
vnames = strvcat('crime','constant','income','hoval');
prt(result,vnames,1);
```

运行结果如下：

```
Spatial Durbin model
Dependent Variable    =         crime
R - squared           =         0.6106
Rbar - squared        =         0.5752
sigma^2               =         93.3440
log - likelihood      =         -164.65212
Nobs,Nvars            =         49,      5
# iterations          =         14
min and max rho       =         -1.0000,   1.0000
total time in secs    =         0.0440
time for lndet        =         0.0060
time for t - stats    =         0.0020
time for x - impacts  =         0.0250
# draws used          =         1000
No lndet approximation used
```

```
*************************************************************
Variable    Coefficient    Asymptot t-stat    z-probability
constant    44.580714      3.407433           0.000656
income      -0.921437      -2.751350          0.005935
hoval       -0.297106      -3.284593          0.001021
W-income    -0.590940      -1.027866          0.304013
W-hoval     0.257315       1.373594           0.169568
rho         0.399983       2.471036           0.013472


Direct      Coefficient    t-stat     t-prob     lower 01     upper 99
income      -1.032619      -3.216970  0.002297   -1.971576    -0.240565
hoval       -0.282714      -3.065471  0.003530   -0.526073    -0.047417


Indirect    Coefficient    t-stat     t-prob     lower 01     upper 99
income      -1.549999      -1.796633  0.078559   -4.282458    1.203351
hoval       0.223756       0.659341   0.512764   -0.928839    1.254337


Total       Coefficient    t-stat     t-prob     lower 01     upper 99
income      -2.582618      -2.860088  0.006207   -5.343545    0.229207
hoval       -0.058958      -0.156688  0.876134   -1.399783    1.128224
```

　　估计的结果分为两部分。第一部分报告的是空间滞后模型回归估计后各个自变量的估计系数。第二部分报告的是各个自变量的直接效应和间接效应。

　　由第一部分结果可知，自变量 income 和 hoval 均在1%的显著性水平下拒绝了原假设，说明家庭收入和房屋价格的提高均能显著地减少入室抢劫和盗窃车辆案件发生的数量。

　　然而，自变量 income 和 hoval 的空间滞后项均在10%的显著性水平下无法拒绝原假设，说明周围地区家庭收入和房屋价格的提高对入室抢劫和盗窃车辆案件发生的数量没有显著的影响。

　　空间自回归系数 rho($\rho$) 为 0.399983，t 统计量为 2.471036，t 统计量的伴随概率为 0.013472，说明在1%的显著性水平下拒绝了 rho($\rho$) 等于 0 的原假设。这说明周围地区入室抢劫和盗窃车辆案件发生的数量越多，那么本地区入室抢劫和盗窃车辆案件发生的数量也会越多。

　　第二部分直接效应和间接效应的结果总体上分为上、中、下三块，分

别汇报了各个自变量的直接效应（direct）、间接效应（indirect）和总效应

（total）。

直接效应方面，自变量 income 直接效应的计算结果为 -1.032619，t 统计量为 -3.216970，伴随概率为 0.002297，说明在 1% 的显著性水平下拒绝"自变量 income 直接效应为 0"的原假设。自变量 hoval 直接效应的计算结果为 -0.282714，t 统计量为 -3.065471，伴随概率为 0.003530，说明在 1% 的显著性水平下拒绝"自变量 hoval 直接效应为 0"的原假设。这两个自变量的直接效应在统计上均十分显著。这说明本地区的家庭收入和房屋价格的提高均能显著地减少本地区入室抢劫和盗窃车辆案件发生的数量。

间接效应方面，自变量 income 间接效应的计算结果为 -1.549999，t 统计量为 -1.796633，伴随概率为 0.078559，说明在 1% 的显著性水平下拒绝"自变量 income 间接效应为 0"的原假设。自变量 hoval 间接效应的计算结果为 0.223756，t 统计量为 0.659341，伴随概率为 0.512764，说明在 10% 显著性水平下无法拒绝"自变量 hoval 间接效应为 0"的原假设。这说明邻近地区家庭收入的提高均能显著地减少本地区入室抢劫和盗窃车辆案件发生的数量，而邻近地区房屋价格对本地区入室抢劫和盗窃车辆案件发生的数量的影响不显著。

总效应等于直接效应和间接效应之和。自变量 income 的总效应的 t 统计量的伴随概率分别为 0.006207，说明在 1% 的显著性水平下拒绝"自变量 income 总效应为 0"的原假设。自变量 hoval 的总效应的 t 统计量的伴随概率分别为 0.876134，说明在 10% 的显著性水平下无法拒绝"自变量 hoval 总效应为 0"的原假设。这说明，就总效应的来说，家庭收入的提高会显著地减少入室抢劫和盗窃车辆案件发生的数量，而房屋价格的影响则不显著。

**2. 使用 sar 命令估计空间杜宾模型**

使用的函数：sar，其用法如下：

```
wx = W *  x;% 计算解释变量的空间滞后项
result = sar(y, [xconstant x wx],W, info);
```

其中，变量和参数的含义与 sar 函数一样。

Matlab 代码如下：

```
% 估计空间杜宾模型:sar.m & sdm.m
clear; clc;
A = csvread('columbus.csv',1,0);
W1 = csvread('Wcolumbus.csv');
```

```
W = normw(W1);
y = A(:,[2]);
x = A(:,[3,4]);
nobs = length(y);
xconstant = ones(nobs,1);
wx = W* x;
% sar.m
info.lflag = 0;
result1 = sar(y,[xconstant x wx],W,info);
vnames = strvcat('crime','constant','income','hoval','W* income','W*
hoval');
prt(result1,vnames,1);
% sdm.m
info.lflag = 0;
result2 = sdm(y,[xconstant x],W,info);
vnames = strvcat('crime','constant','income','hoval');
prt(result2,vnames,1);
```

两个函数命令估计出来的系数、t 统计量和伴随概率完全一样，因此没有给出结果。区别是自变量空间滞后项的名称不同。用函数 sar 估计的结果中，自变量空间滞后项 wx 是用户自行添加的，用"W * x"来表示。第二个回归估计结果中的自变量空间滞后项 wx 是函数命令 sdm 自动生成的，用"W - X"来表示。

### 3. 使用 sar 命令估计非完全形式的空间杜宾模型

使用的函数：sar，其用法如下：

```
wx = W * x;% 计算解释变量的空间滞后项
result = sar(y, [xconstant x wx],W, info);
```

其中，变量和参数的含义与 sar 函数一样。

Matlab 代码如下：

```
% 估计非完全形式的空间杜宾模型
clear; clc;
A = csvread('columbus.csv',1,0);
W1 = csvread('Wcolumbus.csv');
W = normw(W1);
y = A(:,[2]);
```

```
x1 = A(:,3);
x2 = A(:,4);
nobs = length(y);
xconstant = ones(nobs,1);
wx2 = W* x2;
% 设置参数
info.lflag = 0;
% 估计模型
result = sar(y,[xconstant x1 x2 wx2],W,info);
vnames = strvcat('crime','constant','income','hoval','W* hoval');
prt(result,vnames,1);
```

运行结果如下：

```
Spatial autoregressive Model Estimates
Dependent Variable    =         crime
R - squared           =         0.5959
Rbar - squared        =         0.5689
sigma^2               =         92.8427
Nobs,Nvars            =         49,     4
log - likelihood      =         -165.12594
# of iterations       =         17
min and max rho       =         -1.0000,   1.0000
total time in secs    =         0.0440
time for lndet        =         0.0060
time for t - stats    =         0.0020
time for x - impacts  =         0.0330
# draws   x - impacts =         1000
No lndet approximation used
*********************************************************************
Variable  Coefficient  Asymptot t - stat  z - probability
constant  36.411550    3.458750           0.000543
income    -1.011252    - 3.362292         0.000773
hoval     - 0.288474   - 3.226182         0.001255
W* hoval  0.179992     1.072209           0.283626
rho       0.497000     3.741442           0.000183
```

| Direct | Coefficient | t-stat | t-prob | lower 01 | upper 99 |
|--------|-------------|--------|--------|----------|----------|
| income | -1.123956 | -3.604496 | 0.000731 | -1.926949 | -0.282791 |
| hoval | -0.310293 | -3.084787 | 0.003344 | -0.609643 | -0.067080 |
| W*hoval | 0.197990 | 1.006565 | 0.319089 | -0.272197 | 0.780539 |

| Indirect | Coefficient | t-stat | t-prob | lower 01 | upper 99 |
|----------|-------------|--------|--------|----------|----------|
| income | -1.066046 | -1.484275 | 0.144141 | -5.405179 | -0.175720 |
| hoval | -0.311014 | -1.212728 | 0.231048 | -1.711128 | -0.025143 |
| W*hoval | 0.246815 | 0.686323 | 0.495744 | -0.185165 | 2.287572 |

| Total | Coefficient | t-stat | t-prob | lower 01 | upper 99 |
|-------|-------------|--------|--------|----------|----------|
| income | -2.190002 | -2.466904 | 0.017172 | -6.973770 | -0.627341 |
| hoval | -0.621306 | -1.889560 | 0.064741 | -2.192486 | -0.122754 |
| W*hoval | 0.444804 | 0.838201 | 0.405988 | -0.445442 | 3.149541 |

估计的结果分为两部分。第一部分报告的是空间滞后模型回归估计后各个自变量的估计系数。第二部分报告的是各个自变量的直接效应和间接效应。

由第一部分结果可知，它并没有汇报自变量 income 的空间滞后项 W * income 的估计系数，而汇报了自变量 hoval 的空间滞后项 W * hoval 的估计系数。

同完整的空间杜宾模型一样，上述非完全形式的空间杜宾模型中的空间滞后项 W * hoval 的系数也并不显著。

在考虑到完全空间杜宾模型时，如果发现部分自变量空间滞后项不显著，那么可以剔除这些不显著的自变量空间滞后项。

第二部分直接效应和间接效应的结果总体上分为上、中、下三块，分别汇报了各个自变量的直接效应（direct）、间接效应（indirect）和总效应（total）。

直接效应方面，自变量 income 直接效应的计算结果为 -1.123956，t 统计量为 -3.604496，伴随概率为 0.000731，说明在 1% 的显著性水平下拒绝"自变量 income 直接效应为 0"的原假设。自变量 hoval 直接效应的计算结果为 -0.310293，t 统计量为 -3.084787，伴随概率为 0.003344，说明在 1% 的显著性水平下拒绝"自变量 hoval 直接效应为 0"的原假设。这两个自变量的直接效应在统计上均十分显著。自变量"W * hoval"直接效应的计算结果为 0.197990，t 统计量为 1.006565，伴随概率为 0.319089，说明在10%的显著性水平下无法拒绝"自变量 W * hoval 直接效应为0"的原假设。

间接效应方面，自变量 income 间接效应的计算结果为 – 1.066046，t 统计量为 – 1.484275，伴随概率为 0.144141，说明在10%的显著性水平下无法拒绝"自变量 income 间接效应为0"的原假设。自变量"hoval"间接效应的计算结果为 – 0.311014，t 统计量为 – 1.212728，伴随概率为 0.231048，说明在10% 显著性水平下无法拒绝"自变量 hoval 间接效应为0"的原假设。自变量 W * hoval 间接效应的计算结果为 0.246815，t 统计量为 0.686323，伴随概率为 0.495744，说明在10% 显著性水平下无法拒绝"自变量 W * hoval 间接效应为0"的原假设。

总效应等于直接效应和间接效应之和。自变量 income 的总效应的 t 统计量的伴随概率分别为 0.017172，说明在5%的显著性水平下拒绝"自变量 income 总效应为0"的原假设。自变量"hoval"的总效应的 t 统计量的伴随概率分别为 0.064741，说明在10%的显著性水平下拒绝"自变量 hoval 总效应为0"的原假设。自变量 W * hoval 的总效应的 t 统计量的伴随概率分别为 0.405988，说明在10%的显著性水平下无法拒绝"自变量 hoval 总效应为0"的原假设。

## 练　　习

使用 elect 数据重复上述操作。

# 实验 10

# 空间杜宾误差模型

## 10.1  实验目的

◇ 学习使用 Matlab 的 sem 命令估计空间杜宾误差模型，理解该命令的结果

## 10.2  实验步骤

◇ 读入数据
◇ 设置参数
◇ 估计模型
◇ 输出结果

## 10.3  实验内容

使用的函数：sem，其用法如下：

```
result = sem(y,[xconstant x wx],W,info)
```

其中，变量和参数的含义与 sar 函数一样。

Matlab 代码如下：

```
% 估计空间杜宾误差模型
clear; clc;
A = csvread('columbus.csv',1,0);
W1 = csvread('Wcolumbus.csv');
W = normw(W1);
y = A(:,[2]);
x = A(:,[3,4]);
nobs = length(y);
xconstant = ones(nobs,1);
wx = W* x;
% 设置参数
info.lflag = 0;
% 估计模型
result = sem(y,[xconstant x wx],W,info);
vnames = strvcat('crime','constant','income','hoval','W* income','W*
hoval');
prt(result,vnames,1);
```

运行结果如下：

```
Spatial error Model Estimates
Dependent Variable    =        crime
R - squared           =        0.6580
Rbar - squared        =        0.6269
sigma^2               =        93.7947
log - likelihood      =        -164.79689
Nobs, Nvars           =        49,     5
# iterations          =              0
min and max rho       =     - 0.9900,  0.9900
total time in secs    =        0.0170
time for optimiz      =        0.0070
time for lndet        =        0.0060
time for t - stats    =        0.0010
No lndet approximation used
***************************************************************
```

| Variable | Coefficient | Asymptot t-stat | z-probability |
| --- | --- | --- | --- |
| constant | 73.643181 | 8.437875 | 0.000000 |
| income | -1.052173 | -3.274984 | 0.001057 |
| hoval | -0.278169 | -3.051966 | 0.002273 |
| W*income | -1.204594 | -2.099456 | 0.035777 |
| W*hoval | 0.131150 | 0.632745 | 0.526900 |
| lambda | 0.404000 | 2.471635 | 0.013450 |

由上述结果可知，自变量 income 和 hoval 均在 1% 的显著性水平下拒绝了原假设，说明家庭收入和房屋价格的提高均能显著地减少入室抢劫和盗窃车辆案件发生的数量。自变量 W * income 在 5% 的显著性水平下拒绝了"$H_0$：W * income 的系数等于 0"的原假设，即周围地区家庭收入的提高能够显著地减少入室抢劫和盗窃车辆案件发生的数量。自变量 W * hoval 在 10% 的显著性水平下无法拒绝"$H_0$：W * hoval 的系数等于 0"的原假设，即周围地区房屋价格的提高并不能显著地减少入室抢劫和盗窃车辆案件发生的数量。

lambda（$\lambda$）在 1% 的显著性水平下拒绝了"H0：lambda（$\lambda$）等于 0"的原假设，说明误差项存在空间依赖性，通过在方程中控制加剔除了空间依赖性。

# 练　习

使用 growthley 数据重复上述操作。

# 实验 11
# 自变量空间滞后模型

## 11.1 实验目的

◇ 学习使用 Matlab 的 ols 命令估计自变量空间滞后模型，理解该命令
　的结果

## 11.2 实验步骤

◇ 读入数据
◇ 设置参数
◇ 估计模型
◇ 输出结果

## 11.3 实验内容

使用的函数：ols，其用法如下：

```
wx = W* x;
result = ols(y,[xconstant x wx])
```

其中，变量和参数的含义与 sar 函数一样。

Matlab 代码如下：

```
% 估计自变量空间滞后模型
clear; clc;
A = csvread('columbus. csv',1,0);
W1 = csvread('Wcolumbus. csv');
W = normw(W1);
y = A(:,[2]);
x = A(:,[3,4]);
nobs = length(y);
xconstant = ones(nobs,1);
wx = W* x;
% 估计模型
result = ols(y,[xconstant x wx]);
vnames = strvcat('crime','constant','income','hoval','W* income','W*
hoval');
prt(result,vnames);
```

运行结果如下：

```
Ordinary Least - squares Estimates
Dependent Variable   =      crime
R - squared          =      0.6105
Rbar - squared       =      0.5751
sigma^2              =      118.9565
Durbin - Watson      =      1.6402
Nobs,Nvars           =      49,      5
*****************************************************************
Variable    Coefficient    t - statistic    t - probability
constant    74.553430      11.101461        0.000000
income      - 1.097390     - 2.935522       0.005277
hoval       - 0.294390     - 2.895867       0.005868
W* income   - 1.398746     - 2.497204       0.016332
W* hoval    0.214841       1.033281         0.307119
```

　　由上述结果可知，自变量 income、hoval 和 income 的空间滞后项 W ∗ income 均在 1% 的显著性水平下拒绝了原假设，而自变量 hoval 的空间滞后项 W ∗ hoval 无法拒绝原假设。

<h1 style="text-align:center">练　　习</h1>

　　使用 house 数据重复上述操作。

実验 *12*

# SAC 模型

## 12.1　实验目的

◇ 学习使用 Matlab 的 sac 命令估计通用空间模型，理解该命令的结果

## 12.2　实验步骤

◇ 读入数据
◇ 设置参数
◇ 估计模型
◇ 输出结果

## 12.3　实验内容

使用的函数：sac，其用法如下：

result = sac(y,[xconstant x],W,W,info)

　其中，变量和参数的含义与 sar 函数相似。

　　由于 SAC 模型包含两个空间权重矩阵，因此，在 sac 函数命令的输入参数中也可以设置两个不同的空间权重矩阵参数。其中，"W1"是因变量空间滞后项 Wy 的空间权重矩阵；"W2"是空间自相关误差项 Wε 的空间权重矩阵。

　　info 参数相比函数命令"sar. m"多 4 个选项：

　　（1）info. parm：可选项，设定搜索参数 ρ 和 λ 的初始值；

　　（2）info. lmin：可选项，设定搜索参数 λ 的最小值（默认值为 −0.99）；

　　（3）info. lmax：可选项，设定搜索参数 λ 的最大值（默认值为 0.99）；

　　（4）info. hessian：当 n < 500 时，选择 info. hessian = 0（默认值），计算分析型 Hessian 矩阵；当 n > 500 时，选择 info. hessian = 1，计算数值型 Hessian 矩阵。

　　Matlab 代码如下：

```
% 估计 SAC model
clear; clc;
A = csvread('columbus. csv',1,0);
W1 = csvread('Wcolumbus. csv');
W = normw(W1);
y = A(:,[2]);
x = A(:,[3,4]);
nobs = length(y);
xconstant = ones(nobs,1);
% 设置参数
info. lflag = 0;
% 估计模型
result = sac(y,[xconstant x],W,W,info);
vnames = strvcat('crime','constant','income','hoval');
prt(result,vnames,1);
```

　　运行结果如下：

```
General Spatial Model Estimates
Dependent Variable    =    crime
R - squared           =    0.6466
Rbar - squared        =    0.6313
```

```
sigma^2                =      96.9104
log – likelihood       =     – 165.71672
Nobs,Nvars             =      49,      3
# iterations           =      28
total time in secs     =      0.2710
time for optimiz       =      0.0340
time for lndet         =      0.0130
time for t - stat      =      0.0050
time for impacts       =      0.0320
# draws  x - impacts   =      1000
*****************************************************************
```

| Variable | Coefficient | Asymptot t - stat | z - probability |
|---|---|---|---|
| constant | 45.501776 | 4.706346 | 0.000003 |
| income | – 1.052513 | – 3.202697 | 0.001361 |
| hoval | – 0.264699 | – 2.965416 | 0.003023 |
| rho | 0.425999 | 2.460451 | 0.013876 |
| lambda | – 0.017605 | – 0.057335 | 0.954279 |

| Direct | Coefficient | t - stat | t - prob | lower 01 | upper 99 |
|---|---|---|---|---|---|
| income | – 1.125743 | – 3.511682 | 0.000967 | – 2.090391 | – 0.303615 |
| hoval | – 0.281345 | – 2.774416 | 0.007805 | – 0.524495 | – 0.024650 |

| Indirect | Coefficient | t - stat | t - prob | lower 01 | upper 99 |
|---|---|---|---|---|---|
| income | – 0.881474 | – 1.258769 | 0.214078 | – 4.286093 | 0.005740 |
| hoval | – 0.255770 | – 0.376952 | 0.707837 | – 1.546646 | 0.003324 |

| Total | Coefficient | t - stat | t - prob | lower 01 | upper 99 |
|---|---|---|---|---|---|
| income | – 2.007218 | – 2.512342 | 0.015335 | – 5.464249 | – 0.613702 |
| hoval | – 0.537115 | – 0.741583 | 0.461880 | – 1.970343 | – 0.028388 |

估计的结果分为两部分。第一部分报告的是空间滞后模型回归估计后各个自变量的估计系数。第二部分报告的是各个自变量的直接效应和间接效应。

由第一部分结果可知，自变量 income 和 hoval 均在 1% 的显著性水平上显著。然后，空间自回归系数 rho(ρ) 为 0.425999，在 1% 的显著性水平下拒绝了"$H_0$：rho(ρ) 等于 0"的原假设。最后，系数 lambda（λ）的力统计量的伴随概率为0.954279，说明在10%的显著性水平下无法拒绝"H0：lambda（λ）等于0"的原假设，说明误差项不存在空间依赖性。

第二部分直接效应和间接效应的结果总体上分为上、中、下三块，分别汇报了各个自变量的直接效应（direct）、间接效应（indirect）和总效应（total）。

直接效应方面，自变量income直接效应的计算结果为 −1.125743，t统计量为 −3.511682，伴随概率为0.000967，说明在1%的显著性水平下拒绝"自变量income直接效应为0"的原假设。自变量"hoval"直接效应的计算结果为 −0.281345，t统计量为 −2.774416，伴随概率为0.007805，说明在1%的显著性水平下拒绝"自变量hoval直接效应为0"的原假设。这两个自变量的直接效应在统计上均十分显著。

间接效应方面，自变量income间接效应的计算结果为 −0.881474，t统计量为 −1.258769，伴随概率为0.214078，说明在10%的显著性水平下无法拒绝"自变量income间接效应为0"的原假设。自变量"hoval"间接效应的计算结果为 −0.255770，t统计量为 −0.376952，伴随概率为0.707837，说明在10%显著性水平下无法拒绝"自变量hoval间接效应为0"的原假设。

总效应等于直接效应和间接效应之和。自变量income的总效应的t统计量的伴随概率分别为0.015335，说明在5%的显著性水平下拒绝"自变量income总效应为0"的原假设。自变量hoval的总效应的t统计量的伴随概率分别为0.461880，说明在10%的显著性水平下无法拒绝"自变量hoval总效应为0"的原假设。

## 练　习

使用ohioschool数据重复上述操作。

# 实验 13
# GNS 模型

## 13.1 实验目的

◇ 学习使用 Matlab 的 sac 命令估计 GNS 模型，理解该命令的结果
◇ 学习使用 Matlab 的 sacpaul 命令估计 GNS 模型，理解该命令的结果

## 13.2 实验步骤

◇ 读入数据
◇ 设置参数
◇ 估计模型
◇ 输出结果

## 13.3 实验内容

**1. 使用 sac 命令估计 GNS 模型**
使用的函数：sac，其用法如下：

```
result = sac(y,[xconstant x],W,W,info)
```

其中，变量和参数的含义与前面的 sac 函数一样。

Matlab 代码如下：

```
% 估计一般嵌套空间模型
clear; clc;
A = csvread('columbus.csv',1,0);
W1 = csvread('Wcolumbus.csv');
W = normw(W1);
y = A(:,[2]);
x = A(:,[3,4]);
nobs = length(y);
xconstant = ones(nobs,1);
wx = W* x;
% 设置参数
info.lflag = 0;
% 估计模型
result = sac(y,[xconstant x wx],W,W,info);
vnames = strvcat('crime','constant','income','hoval','W* income','W*
hoval');
prt(result,vnames,1);
```

运行结果如下：

```
General Spatial Model Estimates
Dependent Variable    =      crime
R - squared           =      0.7483
Rbar - squared        =      0.7255
sigma^2               =      69.0181
log - likelihood      =    -168.2496
Nobs,Nvars            =      49,      5
# iterations          =        58
total time in secs    =      0.1550
time for optimiz      =      0.0220
time for lndet        =      0.0120
time for t - stat     =      0.0010
time for impacts      =      0.0420
# draws  x - impacts  =      1000
***************************************************************
```

| Variable | Coefficient | Asymptot t-stat | z-probability |
|---|---|---|---|
| constant | 10.298963 | 2.136869 | 0.032609 |
| income | -0.904675 | -2.234863 | 0.025426 |
| hoval | -0.336464 | -3.037191 | 0.002388 |
| W* income | 0.409488 | 0.780326 | 0.435199 |
| W* hoval | 0.371585 | 2.131916 | 0.033014 |
| rho | 0.869000 | 15.010255 | 0.000000 |
| lambda | -1.476681 | -37.708586 | 0.000000 |

| Direct | Coefficient | t-stat | t-prob | lower 01 | upper 99 |
|---|---|---|---|---|---|
| income | -1.420179 | -1.988452 | 0.052362 | -3.689882 | 0.221837 |
| hoval | -0.527933 | -2.674099 | 0.010153 | -1.214005 | -0.066972 |
| W* income | 0.679254 | 0.760970 | 0.450322 | -1.472531 | 3.819462 |
| W* hoval | 0.578547 | 1.989601 | 0.052231 | -0.118789 | 1.543435 |

| Indirect | Coefficient | t-stat | t-prob | lower 01 | upper 99 |
|---|---|---|---|---|---|
| income | -7.818293 | -0.775766 | 0.441615 | -69.359230 | 0.959608 |
| hoval | -2.816466 | -0.885847 | 0.380027 | -22.449333 | -0.213021 |
| W* income | 4.561474 | 0.462238 | 0.645957 | -8.688852 | 66.550125 |
| W* hoval | 3.078958 | 0.797599 | 0.428952 | -0.670745 | 28.792321 |

| Total | Coefficient | t-stat | t-prob | lower 01 | upper 99 |
|---|---|---|---|---|---|
| income | -9.238472 | -0.870692 | 0.388168 | -72.945205 | 1.148671 |
| hoval | -3.344398 | -1.006628 | 0.319059 | -23.609997 | -0.279993 |
| W* income | 5.240729 | 0.495022 | 0.622797 | -10.411587 | 69.350502 |
| W* hoval | 3.657505 | 0.898675 | 0.373221 | -0.734732 | 30.185208 |

由上述结果可知，自变量 income 和 hoval 以及二者的空间滞后项 W * income 和 W * hoval 的解释同上述模型的解释一致，故此不再赘述。

空间自回归系数 rho(ρ) 和空间自相关系数 lambda(λ) 均在 1 % 的显著性水平下拒绝了系数为 0 的原假设。但是，从系数大小来看，可以发现空间自回归系数 rho(ρ) 和空间自相关系数 lambda(λ) 的估计值分别为 0.856000 和 -1.476700。很显然，λ 系数的估计值不在 [-1, 1] 的范围之内。由此可见，通过函数命令 sac 来估计一般嵌套空间模型得出的是有偏误的估计值。

在使用函数命令 sac 来估计时，MATLAB 软件已经在估计结果之前提示结果可能不准确（Results may be inaccurate），具体的报错信息如下所示：

```
警告:矩阵接近奇异值,或者缩放错误。结果可能不准确。RCOND=5.319329e-20。
>In tsls (line 56)
  In sac_gmm (line 171)
  In sac (line 248)
  In Ex_GNS (line 14)
警告:矩阵接近奇异值,或者缩放错误。结果可能不准确。RCOND=8.268731e-21。
>In tsls (line 56)
  In sac_gmm (line 273)
  In sac (line 248)
  In Ex_GNS (line 14)
警告:矩阵接近奇异值,或者缩放错误。结果可能不准确。RCOND=8.268731e-21。
>In sac_gmm (line 280)
  In sac (line 248)
  In Ex_GNS (line 14)
```

针对这个问题，Elhorst 又编写了估计一般嵌套空间模型的新的函数命令文件：sacpaul.m。

### 2. 使用 sacpaul 命令估计 GNS 模型

使用的函数：sacpaul，其用法如下：

```
result=sacpaul(y,[xconstant x wx],W)
```

其中，变量和参数的含义与前面的 sac 函数一样。

Matlab 代码如下：

```
% 估计一般嵌套空间模型:sacpaul.m
clear; clc;
A=csvread('columbus.csv',1,0);
W1=csvread('Wcolumbus.csv');
W=normw(W1);
y=A(:,[2]);
x=A(:,[3,4]);
nobs=length(y);
xconstant=ones(nobs,1);
wx=W*x;
```

% 估计模型

```
result = sacpaul(y,[xconstant x wx],W);
vnames = strvcat('crime','constant','income','hoval','W* income','W*
hoval');
prt_new(result,vnames);
```

% 精确计算直接效应和间接效应

```
parm = [result. beta;result. rho;result. lam;result. sige];
N = 49;
nvar = 2;
beta = result. beta(2:5);
rho = result. rho;
for p = 1:nvar
    C = zeros(N,N);
    for i = 1:N
        for j = 1:N
            if (i = = j) C(i,j) = beta(p);
            else C(i,j) = beta(nvar + p)* W(i,j);
            end
        end
    end
    S = (eye(N) - rho* W) \C;
    EAVD(p,1) = sum(diag(S))/N; % average direct effect
    EAVI(p,1) = sum(sum(S,2) - diag(S))/N; % average indirect effect
    EAVC(p,1) = sum(sum(S,1)' - diag(S))/N; % average indirect effect
    EAVCtot(p,1) = EAVD(p,1) + EAVI(p,1); % total effect
end
fprintf(1,'   direct   indirect   total \n');
[EAVD EAVI EAVCtot]
```

运行结果如下：

```
General Spatial Model Estimates
Dependent Variable    =      crime
R - squared           =      0. 6555
Rbar - squared        =      0. 6241
sigma^2               =      94. 4870
log - likelihood      =    - 181. 58014
Nobs,Nvars            =      49,     5
# iterations          =       1
total time in secs    =      0. 0152
```

```
time for optimiz  =     0.0000
*****************************************************************
Variable   Coefficient    Asymptot t-stat   z-probability
constant   53.060855       0.738277          0.460346
income     -0.958865      -2.098908          0.035825
hoval      -0.289028      -2.812320          0.004919
W* income  -0.773719      -0.434203          0.664141
W* hoval    0.218426       0.731287          0.464604
rho         0.284203       0.285284          0.775427
lambda      0.163346       0.149730          0.880977


   direct    indirect    total
ans =
  -1.0329   -1.3876   -2.4205
  -0.2794    0.1808   -0.0986
```

估计的结果分为两部分。第一部分报告的是空间滞后模型回归估计后各个自变量的估计系数。第二部分报告的是各个自变量的直接效应和间接效应。

由第一部分结果可知，空间自回归系数 rho（ρ）和空间自相关系数 lambda（λ）均在10%的显著性水平下无法拒绝系数为0的原假设。但是，从系数大小来看，可以发现空间自回归系数 rho（ρ）和空间自相关系数 lambda（λ）的值分别为0.284203和0.163346，这两个系数的估计值均在[−1, 1]的范围之内。

由此可见，虽然通过函数命令 sacpaul 估计一般嵌套空间模型得出的是偏误修正后的估计值，但是在统计上也不显著。

第二部分直接效应和间接效应的结果汇报了各个自变量的平均直接效应（direct）、平均间接效应（indirect）和平均总效应（total）。

平均直接效应方面，自变量 income 平均直接效应的计算结果为−1.0329，自变量 hoval 平均直接效应的计算结果为−0.2794。

平均间接效应方面，自变量 income 平均间接效应的计算结果为−1.3876，自变量 hoval 平均间接效应的计算结果为0.1808。

平均总效应方面，自变量 income 平均总效应的计算结果为−2.4205，自变量 hoval 平均总效应的计算结果为−0.0986。

## 练　　习

使用 schools 数据重复上述操作。

# 实验 14
## 空间扩展模型 和地理加权模型

## 14.1 实验目的

◇ 学习使用 Matlab 的 casetti 命令估计空间扩展模型，理解该命令的结果
◇ 学习使用 Matlab 的 gwr 命令估计地理加权模型，理解该命令的结果

## 14.2 实验步骤

◇ 读入数据
◇ 设置参数
◇ 估计模型
◇ 输出结果

## 14.3 实验内容

**1. 使用 casetti 命令估计空间扩展模型**
使用的函数：casetti，其用法如下：

```
result = casetti(y,[xconstant x],xc,yc)
```

casetti 函数命令的调用需要在输入参数时指定经纬度坐标。其中，"xc"是经度坐标，"yc"是纬度坐标，"option"是可控制的选项，具体含义如下所示：

（1）"option. exp = 0"：X 轴和 Y 轴扩展（默认）；

（2）"option. exp = 1"：距离中心点距离扩展；

（3）"option. ctr"：设置中心点为第#个观察。

其中，默认参数"option. exp = 0"，这是本书所介绍的空间扩展模型。"casetti. m"函数命令提供的距离中心点空间距离的扩展形式，即设置"option. exp = 1"，此时需要设定"option. ctr = n"，指定第 n 个观察样本为中心点。n 由用户自己设定，比如为 20。

Matlab 代码如下：

```
% 估计空间扩展模型
clear; clc;
A = csvread('columbus. csv',1,0);
y = A(:,[2]);
x = A(:,[3,4]);
xc = A(:,5);
yc = A(:,6);
nobs = length(y);
xconstant = ones(nobs,1);
% 估计模型
result = casetti(y,[xconstant x],xc,yc);
vnames = strcat('crime','constant','income','hoval');
prt(result,vnames);
```

运行结果如下：

```
Casetti X - Y Spatial Expansion Estimates
Dependent Variable   =   crime


R - squared          =    0.6334
Rbar - squared       =    0.5810
sige                 =  117. 3051
Nobs,Nvars           =   49,      3
************************************************************
```

```
Base x - y estimates
Variable    Coefficient    t - statistic    t - probability
constant    69.505404      15.114551        0.000000
income      - 4.090841     - 1.955288       0.056640
hoval       0.405007       0.519631         0.605812
x - income  - 0.046045     - 1.349846       0.183671
x - hoval   0.026733       2.028716         0.048299
y - income  0.121528       2.215986         0.031680
y - hoval   - 0.048634     - 2.344822       0.023407


*******************************************************************

Expansion estimates
Obs#    x - income    x - hoval    y - income    y - hoval
   1    - 1.7865      1.0372       5.3558        - 2.1433
   2    - 1.6401      0.9522       5.1504        - 2.0611
   3    - 1.8335      1.0645       5.0045        - 2.0027
   4    - 1.6806      0.9757       4.9243        - 1.9706
   5    - 1.8423      1.0696       4.6181        - 1.8481
   6    - 2.0145      1.1696       4.7736        - 1.9103
   7    - 1.5361      0.8918       4.6679        - 1.8680
   8    - 1.6903      0.9814       4.7044        - 1.8826
   9    - 2.0002      1.1613       4.3653        - 1.7469
  10    - 2.1922      1.2727       4.4261        - 1.7712
  11    - 1.7428      1.0118       4.4115        - 1.7654
......
```

结果分为两部分，第一部分是总体的回归结果，第二部分结果报告了每个空间单元 "income" 和 "hoval" 在 X 轴方向和 Y 轴方向的估计系数，一共汇报了 49 个空间单元的系数，这里只展示了前 11 个。

从第一部分总体的回归结果来看，由概率值可知，"income" 显著为负，而 "hoval" 估计系数为正，但是在统计上高度不显著。x-income 和 x-hoval 表示经度方向的 income 和 hoval 估计系数。y-income 和 y-hoval 表示纬度方向的 income 和 hoval 估计系数。由概率值可知，除了 x-income 没有通过 5% 的显著性检验，其余 3 个变量都非常显著。

第二部分结果报告了每个空间单元 "income" 和 "hoval" 在 X 轴方向和 Y 轴方向的估计系数。解释方式与上述模型结果相同。

### 2. 使用 gwr 命令估计地理加权模型

使用的函数：gwr，其用法如下：

```
result=gwr(y,x,east,north,info)
```

gwr 函数命令的调用方式与 casetti 函数命令十分相似，区别在于"info"可控制的选项。其中，"east"是经度坐标，"north"是纬度坐标，"info"是可控制的选项，具体含义如下所示：
（1）"info. bwidth"：设置带宽，默认值为 0；
（2）"info. bmin"：设置最小带宽；
（3）"info. bmax"：设置最大带宽；
（4）"info. dtype"：设置所选用的距离权重函数，有 3 种；
① "info. dtype = 'gaussian'"：高斯距离权重函数；
② "info. dtype = 'exponential'"：指数距离权重函数；
③ "info. dtype = 'tricube'"：立方距离权重函数；
（5）"info. q"：立方距离权重函数 q 阶最近邻居数量；
（6）"info. qmin"：设置最小的邻居数；
（7）"info. qmax"：设置最大的邻居数。
请注意："info. bwidth"被用在高斯距离权重函数和指数距离权重函数的地理加权回归模型中；"info. q"、"info. qmin"和"info. qmax"被用在立方距离权重函数的地理加权回归模型中。
Matlab 代码如下：

```
% 估计地理加权回归模型
clear; clc;
A=csvread('columbus.csv',1,0);
W1=csvread('Wcolumbus.csv');
W=normw(W1);
y=A(:,[2]);
x=A(:,[3,4]);
north=A(:,5);
east=A(:,6);
nobs=length(y);
xconstant=ones(nobs,1);
x=[xconstant x];
[nobs nvar]=size(x);
```

```
% 三种不同空间函数的地理加权回归结果
vnames = strvcat('crime','constant','income','hoval');
info. dtype = 'gaussian';
result1 = gwr(y,x,east,north,info);
prt(result1,vnames);

info. dtype = 'exponential';
result2 = gwr(y,x,east,north,info);
prt(result2,vnames);

info. dtype = 'tricube';
info. qmin = nvar + 1;
info. qmax = 20;
result3 = gwr(y,x,east,north,info);
prt(result3,vnames);

% 绘制三种不同空间函数的地理加权回归系数
xaxis = 1:nobs;
subplot(3,1,1),
plot(xaxis,result1. beta (:,1),xaxis,result2. beta (:,1),' - - ',xaxis,
result3. beta(:,1),' -. ');
legend('Gaussian','Exponential','Tricube');
ylabel('constant');

subplot(3,1,2),
plot(xaxis,result1. beta (:,2),xaxis,result2. beta (:,2),' - - ',xaxis,
result3. beta(:,2),' -. ');
legend('Gaussian','Exponential','Tricube');
ylabel('income');

subplot(3,1,3),
plot(xaxis,result1. beta (:,3),xaxis,result2. beta (:,3),' - - ',xaxis,
result3. beta(:,3),' -. ');
legend('Gaussian','Exponential','Tricube');
ylabel('hoval');
```

运行结果如下：

```
Geometrically weighted regression estimates
Dependent Variable   =     crime
R - squared          =     0.9418
Rbar - squared       =     0.9393
Bandwidth            =     0.6518
# iterations         =      17
Decay type           =     gaussian
Nobs,Nvars           =     49,     3
********************************************************************
Obs =1,x - coordinate =44.0700,y - coordinate =38.8000,sige =0.6985
Variable  Coefficient  t - statistic  t - probability
constant   46.736914      13.309658      0.000000
income    - 0.689936     - 2.949381      0.004870
hoval     - 0.223714     - 4.843217      0.000013

Obs =2,x - coordinate =42.3800,y - coordinate =35.6200,sige =3.4125
Variable  Coefficient  t - statistic  t - probability
constant   51.197075       9.212686      0.000000
income    - 0.461046     - 1.678874      0.099544
hoval     - 0.434231     - 3.693888      0.000556

Obs =3,x - coordinate =41.1800,y - coordinate =39.8200,sige =2.7854
Variable  Coefficient  t - statistic  t - probability
constant   57.351222      10.979204      0.000000
income    - 0.971962     - 2.506029      0.015579
hoval     - 0.310675     - 3.233710      0.002190

Obs =4,x - coordinate =40.5200,y - coordinate =36.5000,sige =6.7849
Variable  Coefficient  t - statistic  t - probability
constant   63.564070       9.955641      0.000000
income    - 0.369913     - 0.991339      0.326390
hoval     - 0.683546     - 4.656343      0.000025

Obs =5,x - coordinate =38.0000,y - coordinate =40.0100,sige =2.2903
Variable  Coefficient  t - statistic  t - probability
constant   79.683624      14.237649      0.000000
income    - 1.990200     - 3.856592      0.000336
hoval     - 0.402005     - 2.423934      0.019090
......
```

```
Geometrically weighted regression estimates
Dependent Variable   =       crime
R - squared          =       0.9071
Rbar - squared       =       0.9030
Bandwidth            =       3.2174
# iterations         =       11
Decay type           =       exponential
Nobs,Nvars           =       49,     3
************************************************************
Obs =1, x - coordinate =44.0700, y - coordinate =38.8000, sige =   1.4713
Variable  Coefficient  t - statistic  t - probability
constant   46.461849    13.819576       0.000000
income     - 0.685516   - 3.070361      0.003482
hoval      - 0.220752   - 5.115016      0.000005

Obs =2, x - coordinate =42.3800, y - coordinate =35.6200, sige =   7.7995
Variable  Coefficient  t - statistic  t - probability
constant   50.710587     9.345276       0.000000
income     - 0.467244   - 1.762891      0.084155
hoval      - 0.424769   - 3.669554      0.000599

Obs =3, x - coordinate =41.1800, y - coordinate =39.8200, sige =   7.2923
Variable  Coefficient  t - statistic  t - probability
constant   57.960951    11.459100       0.000000
income     - 0.984281   - 2.603163      0.012188
hoval      - 0.317273   - 3.349543      0.001564

Obs =4, x - coordinate =40.5200, y - coordinate =36.5000, sige =17.9705
Variable  Coefficient  t - statistic  t - probability
constant   63.838141     9.919604       0.000000
income     - 0.376779   - 0.991213      0.326451
hoval      - 0.683835   - 4.663710      0.000024

Obs =5, x - coordinate =38.0000, y - coordinate =40.0100, sige =   8.3872
Variable  Coefficient  t - statistic  t - probability
constant   76.392763    14.728857       0.000000
income     - 1.794911   - 3.766616      0.000444
hoval      - 0.376736   - 2.679391      0.010015

......
```

```
Geometrically weighted regression estimates
Dependent Variable    =     crime
R - squared           =     0.9152
Rbar - squared        =     0.9115
q - nearest           =      9
Decay type            =     tricube
Nobs, Nvars           =     49,    3
********************************************************************
Obs = 1, x - coordinate = 44.0700, y - coordinate = 38.8000, sige = 24.8007
Variable  Coefficient  t - statistic  t - probability
constant   50.967328     8.029674       0.000000
income    - 0.714371    - 1.635417      0.108370
hoval     - 0.286192    - 2.207379      0.032001

Obs = 2, x - coordinate = 42.3800, y - coordinate = 35.6200, sige = 34.7021
Variable  Coefficient  t - statistic  t - probability
constant   48.062987     6.085544       0.000000
income    - 0.080007    - 0.185022      0.853975
hoval     - 0.478104    - 3.603395      0.000733

Obs = 3, x - coordinate = 41.1800, y - coordinate = 39.8200, sige = 35.8281
Variable  Coefficient  t - statistic  t - probability
constant   55.119049     7.502207       0.000000
income    - 0.757066    - 1.346489      0.184340
hoval     - 0.334981    - 2.196799      0.032795

Obs = 4, x - coordinate = 40.5200, y - coordinate = 36.5000, sige = 14.8249
Variable  Coefficient  t - statistic  t - probability
constant   61.062669     7.895450       0.000000
income    - 0.446037    - 1.402410      0.167097
hoval     - 0.695479    - 3.874570      0.000317

Obs = 5, x - coordinate = 38.0000, y - coordinate = 40.0100, sige =   6.6569
Variable  Coefficient  t - statistic  t - probability
constant   92.478120    15.811211       0.000000
income    - 3.231278    - 5.797175      0.000000
hoval     - 0.361080    - 1.537311      0.130650
```

......

结果展示了高斯距离权重函数模型、指数距离权重函数模型和立方距离权重函数模型等三种类型距离权重函数模型的估计结果的前 5 个空间单元的参数估计结果。

从第一部分高斯距离权重函数模型的估计结果来看，"Bandwidth = 0.6518"表示带宽为 0.6518；"Decay type = gaussian"表示衰减的类型为高斯距离权重函数。接下来是各个空间单元的参数估计结果。从第一个空间单元的参数估计结果来看，income 和 hoval 两个自变量的估计系数分别为 −0.689936 和 −0.223714，t 统计量分别为 −2.949381 和 −4.843217，概率值分别为 0.004870 和 0.000013，说明均在 1% 的显著性水平下拒绝了原假设，即对于第一个空间单元来说，提高家庭收入和房屋价格上涨均能显著地减少入室抢劫和盗 窃车辆案件发生的数量。对第二个空间单元的参数估计结果的分析也极为类似，故此不再赘述。

第二部分和第三部分模型的解释与此类似，故不赘述。

由于地理加权回归模型可以输出每个空间单元的参数估计结果，如果用数据来进行描述，那么结果会非常繁杂，不容易理解。通常可以采用地图的形式来展示出估计的参数。比如，利用 ArcGIS 软件对系数进行地图化显示。

# 练　　习

使用 ohioschool 数据重复上述操作。

# 空间面板数据模型篇

实验 15

# 空间面板数据模型的选择

## 15.1 实验目的

◇ 学习使用 Matlab 计算对数似然值（loglik）和似然比（LR）统计量来选择固定效应模型还是随机效应模型，理解该命令的结果

◇ 学习使用 Matlab 的 LMsarsem_panel 命令选择空间面板滞后模型和空间面板误差模型，理解该命令的结果

## 15.2 实验步骤

◇ 读入数据
◇ 设置参数
◇ 估计模型
◇ 输出结果

## 15.3 实验内容

### 1. 空间面板数据模型的 LM 检验

采用模型对比的方法来判断选择固定效应模型还是随机效应模型。先

计算空间固定效应模型的 logliksfe 值、时间固定效应模型的 logliktfe 值、空间和时间双固定模型的 loglik-stfe 值。然后，利用计算出来的值两两结合，构造出似然比统计量，似然比统计量服从于分布，最后根据统计量及自由度计算出概率值来判断究竟选择何种模型。

Matlab 代码如下：

```
A = xlsread('cigarette.xls');
W1 = xlsread('Spat - Sym - US.xls');
T = 30;  N = 46;
W = normw(W1);
y = A(:,[3]);
x = A(:,[4,6]);
xconstant = ones(N* T,1);
[nobs K] = size(x);

% --------------------------------------------------------------------
fprintf('Spatial fixed effects model log - liklihood');
model = 1;
[ywith,xwith,meanny,meannx,meanty,meantx] = demean(y,x,N,T,model);
results = ols(ywith,xwith);
sige = results.sige* ((nobs - K)/nobs);
logliksfe = - nobs/2* log(2* pi* sige) -1/(2* sige)* results.resid'*
results.resid

fprintf('Time fixed effects model log - liklihood');
model = 2;
[ywith,xwith,meanny,meannx,meanty,meantx] = demean(y,x,N,T,model);
results = ols(ywith,xwith);
sige = results.sige* ((nobs - K)/nobs);
logliktfe = - nobs/2* log(2* pi* sige) -1/(2* sige)* results.resid'*
results.resid

% --------------------------------------------------------------------
fprintf('Two - way fixed effects model log - liklihood');
model = 3;
[ywith,xwith,meanny,meannx,meanty,meantx] = demean(y,x,N,T,model);
results = ols(ywith,xwith);
sige = results.sige* ((nobs - K)/nobs);
loglikstfe = - nobs/2* log(2* pi* sige) -1/(2* sige)* results.resid'*
```

results. resid

```
% --------------------------------------------------------------------
% Tests for the joint significance of spatial and/or time - period fixed
effects
LR = -2* (logliktfe - loglikstfe);
dof = N;
probability = 1 - chis_prb(LR, dof);
% Note:probability > 0.05 implies rejection of spatial fixed effects
fprintf(1, 'LR - test joint significance spatial fixed effects, degrees
of freedom and probability = % 9.4f, % 6d, % 9.4f \n', LR, dof, probabili-
ty);

LR = -2* (logliksfe - loglikstfe);
dof = T;
probability = 1 - chis_prb(LR, dof);
% Note:probability > 0.05 implies rejection of spatial fixed effects
fprintf(1, 'LR - test joint significance time - periode fixed effects, de-
grees of freedom and probability = % 9.4f, % 6d, % 9.4f \n', LR, dof, proba-
bility);
```

　　运行结果如下：

```
Spatial fixed effects model log - liklihood
logliksfe =    1.4252e +03

Time fixed effects model log - liklihood
logliktfe =    503.8506

Two - way fixed effects model log - liklihood
loglikstfe =    1.6617e +03

LR - test joint significance spatial fixed effects, degrees of freedom
and probability = 2315.7004,     46,    0.0000
LR - test joint significance time - periode fixed effects, degrees of
freedom and probability =   473.0957,     30,    0.0000
```

　　由上述显示的结果可知，Matlab 计算出了空间固定效应、时间固定效应与空间和时间双固定效应模型的对数似然值，分别为 1.4252e + 03、503.8506 和 1.6617e + 03。

由 Matlab 代码可知，LR = $-2 \times$ (logliktfe – logliksstfe) = $-2 \times$ (503.8506 – 1.6617e + 03) = 2315.7004，由于截面单元数量为 46，因此，这个似然比统计量服从自由度为 46 的 $\chi^2$ 分布。由计算结果可知，概率值为 0.000，这表明在 1% 的显著性水平下拒绝"空间固定效应联合不显著"的原假设。换言之，模型应该考虑空间固定效应。

同理，LR = $-2 \times$ (loglikssfe – logliksstfe) = $-2 \times$ (1.4252e + 03 – 1.6617e + 03) = 473.0957，由于时间长度为 30 年，因此，这个似然比统计量服从自由度为 30 的 $\chi^2$ 分布。由计算结果可知，概率值为 0.000，这表明在 1% 的显著性水平下拒绝"时间固定效应联合不显著"的原假设。换言之，模型应该考虑时间固定效应。

结合上述两个统计检验结果可知，模型应该考虑空间和时间双固定效应的空间面板数据模型。

就实证分析的经验来看，大多数情况下还是选择固定效应比较好。这是因为，在很多情况下，在使用 LR 检验对参数进行联合显著性检验时，通常情况下会拒绝原假设（α 是截距项的平均值）。另外，在实证分析中，通常研究的是一个地区的总体样本，而不是若干个样本。由于研究的是全体样本，因此，应该选择固定效应模型。

**2. 空间面板数据模型的 LM 检验**

（1）OLS 估计的 LM 检验。

①使用 Elhorst 开发的稳健性 LM 检验。

使用的函数：LMsarsem_panel，其用法如下：

```
LMsarsem_panel(results,W,y,[xconstant x]);
```

其中，变量和参数的含义与 sar 函数相似。

②使用唐纳德·拉科姆（Donald Lacombe）开发的 LM 检验。

使用的函数：lmlag_panel，其用法如下：

```
lm1 = lmlag_panel(y,[xconstant x],W);
```

使用的函数：lmerror_panel，其用法如下：

```
lm2 = lmerror_panel(y,[xconstant x],W);
```

使用的函数：lmlag_robust_panel，其用法如下：

```
lm3 = lmlag_robust_panel(y,[xconstant x],W);
```

使用的函数：lmerror_robust_panel，其用法如下：

```
lm4 = lmerror_robust_panel(y,[xconstant x],W);
```

其中，变量和参数的含义与 sar 函数相似。
Matlab 代码如下：

```
A = xlsread('cigarette.xls');
W1 = xlsread('Spat - Sym - US.xls');
T = 30; N = 46;
W = normw(W1);
y = A(:,[3]);
x = A(:,[4,6]);
xconstant = ones(N* T,1);
[nobs K] = size(x);
% -------------------------------------------------------------------
% ols estimation
results = ols(y,[xconstant x]);
vnames = strvcat('logcit','intercept','logp','logy');
prt_reg(results,vnames,1);
sige = results.sige* ((nobs - K)/nobs);
loglikols = - nobs/2* log(2* pi* sige) - 1/(2* sige)* results.resid'*
results.resid

% The (robust)LM tests developed by Elhorst

LMsarsem_panel(results,W,y,[xconstant x]); % (Robust) LM tests

% The lm tests developed by Donald Lacombe
% see http://www.rri.wvu.edu/lacombe/ ~ lacombe.htm

lm1 = lmlag_panel(y,[xconstant x],W);
prt_tests(lm1);
```

```
lm2 = lmerror_panel(y,[xconstant x],W);
prt_tests(lm2);


lm3 = lmlag_robust_panel(y,[xconstant x],W);
prt_tests(lm3);


lm4 = lmerror_robust_panel(y,[xconstant x],W);
prt_tests(lm4);
```

运行结果如下：

```
Ordinary Least - squares Estimates
Dependent Variable    =    logcit
R - squared           =    0.3209
Rbar - squared        =    0.3199
sigma^2               =    0.0343
Durbin - Watson       =    1.6311
Nobs,Nvars            =    1380,      3
******************************************************************
Variable    Coefficient   t - statistic   t - probability
intercept   3.485067       30.752482       0.000000
logp       - 0.859023     - 25.162254      0.000000
logy        0.267733       10.848028       0.000000


loglikols =   370.3279
T =    30


LM test no spatial lag,probability            =   66.4657,   0.000
robust LM test no spatial lag,probability     =   58.2636,   0.000
LM test no spatial error,probability          =   153.0401,  0.000
robust LM test no spatial error,probability   =   144.8380,  0.000

LM lag test for omitted spatial lag in panel data

LM value                  66.46567338
Marginal Probability       0.00000000
chi(1).01 value            6.64000000
```

```
LM error test for spatial errors in panel data


LM value              153.04007124
Marginal Probability    0.00000000
chi(1).01 value          6.64000000


Robust LM lag test for omitted spatial lag in panel data


LM value               58.26362251
Marginal Probability    0.00000000
chi(1).01 value          6.64000000


Robust LM error test for spatial errors in panel data


LM value              144.83802037
Marginal Probability    0.00000000
chi(1).01 value          6.64000000
```

　　估计的结果分为三部分。第一部分报告的是回归估计的结果。第二部分报告的是 Elhorst 开发的稳健性 LM 检验结果。第三部分报告的是唐纳德·拉科姆开发的 LM 检验结果。

　　$W\varepsilon$ 从第二部分 LM 检验的结果总体来看，等号两边分为两部分。等号左边部分显示为何种统计量以及伴随概率，等号右边部分显示计算出的统计量和概率值。第 1 行"LM test no spatial lag, probability = 66.4657, 0.000"的含义是：LM 检验没有空间滞后项，统计量 = 66.4657，概率值 = 0.000。换言之，统计检验结果表明在 1% 的显著性水平下拒绝"不存在空间滞后项"的原假设。这里的空间滞后项特指因变量空间滞后项，具体来说就是 Wy 项。第 2 行"robust LM test no spatial lag, probability = 58.2636, 0.000"的含义是：稳健性的 LM 检验没有空间滞后项，统计量 = 58.2636，概率值 = 0.000。换言之，统计检验结果表明在 1% 的显著性水平下拒绝"不存在空间滞后项"的原假设。这里的空间滞后项特指因变量空间滞后项，具体来说就是 Wy 项。第 3 行"LM test no spatial error, probability = 153.0401, 0.000"的含义是：LM 检验没有空间误差项，统计量 = 153.0401，概率值 = 0.000。换言之，统计检验结果表明在 1% 的显著性水平下拒绝"不存在空间滞后项"的原假设。这里的空间误差项指的是空间自相关误差项，具体来说就是 $W\varepsilon$ 项。第 4 行"robust LM test no spatial error, probability = 144.8380, 0.000"的含义是：稳健性的 LM 检验没有空间滞后项，统计量 = 144. 8380，概率值 = 0. 000。换言之，统计检验结果表明在 1% 的显著性水平下拒绝 "不存在空间滞后项" 的原假设。这里的空间误差项指的是空间自相关误差项，具体来说就是 Wε 项。

第三部分唐纳德·拉科姆开发的 LM 检验结果与此相同。

由拉格朗日乘子检验的结果可知，对于无固定效应的模型来说，因变量空间滞后项和误差项空间滞后项都是合适的。

（2）空间固定效应的空间面板数据模型的 LM 检验。

这里使用的 LM 检验与 OLS 相同，即使用埃洛斯特（Elhorst）开发的稳健性 LM 检验和唐纳德·拉科姆开发的 LM 检验。相应的使用方法也一样，在此不赘述。

Matlab 代码如下：

```
A = xlsread('cigarette. xls');
W1 = xlsread('Spat - Sym - US. xls');
T = 30; N = 46;
W = normw(W1);
y = A(:,[3]);
x = A(:,[4,6]);
xconstant = ones(N* T,1);
[nobs K] = size(x);
% --------------------------------------------------------------------------
model = 1;
[ywith,xwith,meanny,meannx,meanty,meantx] = demean(y,x,N,T,model);
results = ols(ywith,xwith);
vnames = strvcat('logcit','logp','logy'); %  should be changed if x is
changed
prt_reg(results,vnames);
sfe = meanny - meannx* results. beta; %  including the constant term
yme = y - mean(y);
et = ones(T,1);
error = y - kron(et,sfe) - x* results. beta;
rsqr1 = error'* error;
rsqr2 = yme'* yme;
FE_rsqr2 = 1. 0 - rsqr1/rsqr2 %  r - squared including fixed effects
sige = results. sige* ((nobs - K)/nobs);
logliksfe = - nobs/2* log(2* pi* sige) -1/(2* sige)* results. resid'*
results. resid
LMsarsem_panel(results,W,ywith,xwith); %  (Robust) LM tests
```

```
lm1 = lmlag_panel(ywith,xwith,W);
prt_tests(lm1);


lm2 = lmerror_panel(ywith,xwith,W);
prt_tests(lm2);


lm3 = lmlag_robust_panel(ywith,xwith,W);
prt_tests(lm3);


lm4 = lmerror_robust_panel(ywith,xwith,W);
prt_tests(lm4);
```

运行结果如下：

```
Ordinary Least - squares Estimates
Dependent Variable    =      logcit
R - squared           =      0.5446
Rbar - squared        =      0.5443
sigma^2               =      0.0074
Durbin - Watson       =      1.5471
Nobs,Nvars            =      1380,      2
********************************************************************
Variable  Coefficient  t - statistic   t - probability
logp        - 0.702293   - 38.875780      0.000000
logy        - 0.010556   - 0.657335       0.511075


FE_rsqr2   =    0.8528
logliksfe =   1.4252e + 03

T =    30


LM test no spatial lag,probability           =  136.4292,  0.000
robust LM test no spatial lag,probability    =   29.5127,  0.000
LM test no spatial error,probability         =  255.7150,  0.000
robust LM test no spatial error,probability  =  148.7985,  0.000


LM lag test for omitted spatial lag in panel data
```

```
LM value                    136.42922576
Marginal Probability          0.00000000
chi(1).01 value               6.64000000


LM error test for spatial errors in panel data

LM value                    255.71499922
Marginal Probability          0.00000000
chi(1).01 value               6.64000000


Robust LM lag test for omitted spatial lag in panel data

LM value                     29.51270710
Marginal Probability          0.00000006
chi(1).01 value               6.64000000


Robust LM error test for spatial errors in panel data

LM value                    148.79848056
Marginal Probability          0.00000000
chi(1).01 value               6.64000000
```

估计的结果分为三部分。第一部分报告的是回归估计的结果。第二部分报告的是埃洛斯特开发的稳健性 LM 检验结果。第三部分报告的是唐纳德·拉科姆开发的 LM 检验结果。相关结果的解读与前述相似，在此不赘述。

由拉格朗日乘子检验的结果可知，对于空间固定效应的模型来说，因变量空间滞后项和误差项空间滞后项都是合适的。

（3）时间固定效应的空间面板数据模型的 LM 检验。

这里使用的 LM 检验与 OLS 相同，即使用埃洛斯特开发的稳健性 LM 检验和唐纳德·拉科姆开发的 LM 检验。相应的使用方法也一样，在此不赘述。

Matlab 代码如下：

```
A=xlsread('cigarette.xls');
W1=xlsread('Spat-Sym-US.xls');
T=30;N=46;
```

```
W = normw(W1);
y = A(:,[3]);
x = A(:,[4,6]);
xconstant = ones(N* T,1);
[nobs K] = size(x);
% ---------------------------------------------------------------------
model = 2;
[ywith,xwith,meanny,meannx,meanty,meantx] = demean(y,x,N,T,model);
results = ols(ywith,xwith);
vnames = strvcat('logcit','logp','logy'); %  should be changed if x is
changed
prt_reg(results,vnames);
tfe = meanty - meantx* results.beta; %  including the constant term
yme = y - mean(y);
en = ones(N,1);
error = y - kron(tfe,en) - x* results.beta;
rsqr1 = error'* error;
rsqr2 = yme'* yme;
FE_rsqr2 = 1.0 - rsqr1/rsqr2 %  r - squared including fixed effects
sige = results.sige* ((nobs - K)/nobs);
logliktfe = - nobs/2* log(2* pi* sige) - 1/(2* sige)* results.resid'*
results.resid
LMsarsem_panel(results,W,ywith,xwith); %  (Robust) LM tests

lm1 = lmlag_panel(ywith,xwith,W);
prt_tests(lm1);

lm2 = lmerror_panel(ywith,xwith,W);
prt_tests(lm2);

lm3 = lmlag_robust_panel(ywith,xwith,W);
prt_tests(lm3);

lm4 = lmerror_robust_panel(ywith,xwith,W);
prt_tests(lm4);
```

运行结果如下：

```
Ordinary Least - squares Estimates
Dependent Variable    =     logcit
R - squared           =     0.3410
Rbar - squared        =     0.3406
sigma^2               =     0.0283
Durbin - Watson       =     1.9980
Nobs,Nvars            =     1380,    2
*******************************************************************
Variable  Coefficient   t - statistic   t - probability
logp         - 1.205073    - 22.660295      0.000000
logy           0.565364     18.664801       0.000000


FE_rsqr2 =    0.4404
logliktfe =   503.8506
T =      30
LM test no spatial lag,probability          =   44.0402,  0.000
robust LM test no spatial lag,probability   =    0.3302,  0.566
LM test no spatial error,probability        =   62.8646,  0.000
robust LM test no spatial error,probability =   19.1546,  0.000


LM lag test for omitted spatial lag in panel data
LM value              44.04022085
Marginal Probability    0.00000000
chi(1).01 value         6.64000000


LM error test for spatial errors in panel data
LM value              62.86462230
Marginal Probability    0.00000000
chi(1).01 value         6.64000000


Robust LM lag test for omitted spatial lag in panel data

LM value              0.33024003
Marginal Probability    0.56551778
chi(1).01 value         6.64000000


Robust LM error test for spatial errors in panel data
```

```
LM value                  19.15464149
Marginal Probability       0.00001205
chi(1).01 value            6.64000000
```

估计的结果分为三部分。第一部分报告的是回归估计的结果。第二部分报告的是埃洛斯特开发的稳健性 LM 检验结果。第三部分报告的是唐纳德·拉科姆开发的 LM 检验结果。相关结果的解读与前述相似，在此不赘述。

由拉格朗日乘子检验的结果可知，当考虑时间固定效应时，稳健的 LM 检验不再拒绝"不存在空间滞后项"的原假设。这里的空间滞后项特指因变量空间滞后项，具体来说就是 Wy 项。

（4）时间和空间固定效应的空间面板数据模型的 LM 检验。

这里使用的 LM 检验与 OLS 相同，即使用埃洛斯特开发的稳健性 LM 检验和唐纳德·拉科姆开发的 LM 检验。相应的使用方法也一样，在此不赘述。

Matlab 代码如下：

```
A = xlsread('cigarette. xls');
W1 = xlsread('Spat - Sym - US. xls');
T = 30; N = 46;
W = normw(W1);
y = A(:,[3]);
x = A(:,[4,6]);
xconstant = ones(N* T,1);
[nobs K] = size(x);
% ----------------------------------------------------------------------
model = 3;
[ywith,xwith,meanny,meannx,meanty,meantx] = demean(y,x,N,T,model);
results = ols(ywith,xwith);
vnames = strvcat('logcit','logp','logy'); %  should be changed if x is
changed
prt_reg(results,vnames);
intercept = mean(y) - mean(x)* results. beta;
sfe = meanny - meannx* results. beta - kron(en,intercept);
tfe = meanty - meantx* results. beta - kron(et,intercept);
yme = y - mean(y);
ent = ones(N* T,1);
```

```
error = y - kron(tfe, en) - kron(et, sfe) - x* results.beta - kron(ent, in-
tercept);
rsqr1 = error'* error;
rsqr2 = yme'* yme;
FE_rsqr2 = 1.0 - rsqr1/rsqr2 %  r - squared including fixed effects
sige = results.sige* ((nobs - K)/nobs);
loglikstfe = - nobs/2* log(2* pi* sige) - 1/(2* sige)* results.resid'*
results.resid

LMsarsem_panel(results,W,ywith,xwith); %  (Robust) LM tests

lm1 = lmlag_panel(ywith,xwith,W);
prt_tests(lm1);

lm2 = lmerror_panel(ywith,xwith,W);
prt_tests(lm2);

lm3 = lmlag_robust_panel(ywith,xwith,W);
prt_tests(lm3);

lm4 = lmerror_robust_panel(ywith,xwith,W);
prt_tests(lm4);
```

运行结果如下：

```
Ordinary Least - squares Estimates
Dependent Variable    =      logcit
R - squared           =      0.3944
Rbar - squared        =      0.3940
sigma^2               =      0.0053
Durbin - Watson       =      1.7791
Nobs, Nvars           =      1380,    2
********************************************************************
Variable  Coefficient   t - statistic   t - probability
logp        - 1.034884    - 25.632843     0.000000
logy        0.528543      11.668292       0.000000

FE_rsqr2 =    0.8955
loglikstfe =   1.6617e + 03
T =    30
```

```
LM test no spatial lag,probability       =   46.9005,  0.000
robust LM test no spatial lag,probability =    1.1563,  0.282
LM test no spatial error,probability      =   54.6548,  0.000
robust LM test no spatial error,probability =   8.9106,  0.003


LM lag test for omitted spatial lag in panel data
LM value                   46.90051952
Marginal Probability        0.00000000
chi(1).01 value             6.64000000


LM error test for spatial errors in panel data
LM value                   54.65480685
Marginal Probability        0.00000000
chi(1).01 value             6.64000000


Robust LM lag test for omitted spatial lag in panel data

LM value                    1.15633190
Marginal Probability        0.28222757
chi(1).01 value             6.64000000


Robust LM error test for spatial errors in panel data

LM value                    8.91061923
Marginal Probability        0.00283517
chi(1).01 value             6.64000000
```

　　估计的结果分为三部分。第一部分报告的是回归估计的结果。第二部分报告的是埃洛斯特开发的稳健性 LM 检验结果。第三部分报告的是唐纳德·拉科姆开发的 LM 检验结果。相关结果的解读与前述相似，在此不赘述。

　　由拉格朗日乘子检验的结果可知，当考虑时间和空间固定效应时，稳健的 LM 检验不再拒绝"不存在空间滞后项"的原假设。这里的空间滞后项特指因变量空间滞后项，具体来说就是 $Wy$ 项。

　　对上述检验结果总结如表 15-1 所示。

表 15-1　　　　　设定无空间效应面板数据模型估算香烟需求

| 香烟需求<br>决定因素 | (1)<br>联合 OLS | (2)<br>空间<br>固定效应 | (3)<br>时间<br>固定效应 | (4)<br>时间和空间<br>固定效应 |
|---|---|---|---|---|
| Cons | 3.4851 ***<br>(30.75) | | | |
| Log(P) | -0.8590 ***<br>(-25.16) | -0.7023 ***<br>(-38.88) | -1.205 ***<br>(-22.66) | -1.035 ***<br>(-25.63) |
| Log(y) | 0.2677 ***<br>(10.85) | -0.011<br>(-0.66) | 0.565 ***<br>(18.66) | 0.529 ***<br>(11.67) |
| $a^2$ | 0.034 | 0.007 | 0.028 | 0.005 |
| $R^2$ | 0.321 | 0.544 | 0.341 | 0.394 |
| LogL | 370.3 | 1425.2 | 503.9 | 1 661.7 |
| LM 空间滞后检验 | 66.47 *** | 136.43 *** | 44.04 *** | 46.90 *** |
| LM 空间误差检验 | 153.04 *** | 255.72 *** | 62.86 *** | 54.65 *** |
| 稳健 LM 空间滞后检验 | 58.26 *** | 29.51 *** | 0.33 | 1.16 |
| 稳健 LM 空间误差检验 | 144.84 *** | 148.80 *** | 19.15 *** | 8.91 *** |

注：*** 对应 1% 的显著性水平。

（5）LR 检验。

为了调查空间固定效应联合检验的原假设是否具有显著性，我们可以执行似然比（LR）检验。检验的结果（统计量 2315.7，p < 0.01）表明必须拒绝原假设。同样地，时间固定效应联合检验不显著的原假设必然会被拒绝（统计量 473.1，p < 0.01），这些检验的结果可以确认对具有空间和时间固定效应的模型进行扩展，这正是广为人知的双向固定效应模型（Baltagi，2004）。

到目前为止，这些检验指向具有双向固定效应的空间误差模型，可以考虑对香烟需求的空间杜宾模型的设定。

# 练　习

使用 ncovr 数据重复上述操作（依据所学知识，需要适当修改程序）。

実验 16

# 空间面板滞后模型

## 16.1 实验目的

◇ 学习使用 Matlab 的 sar_panel_FE 和 sar_panel_RE 命令估计空间面板
滞后模型，理解该命令的结果

## 16.2 实验步骤

◇ 读入数据
◇ 设置参数
◇ 估计模型
◇ 输出结果

## 16.3 实验内容

使用的函数：sar_panel_FE，其用法如下：

```
results = sar_panel_FE(y,x,W,T,info);
```

其中，变量和参数的含义与 sar 函数相似。

空间面板数据的空间滞后模型按照是否为固定效应模型或随机效应模型可以分为 5 种模型，如下所示：

(1) 无固定效应的空间滞后模型；

(2) 空间固定效应的空间滞后模型；

(3) 时间固定效应的空间滞后模型；

(4) 空间和时间双固定效应的空间滞后模型；

(5) 随机效应的空间滞后模型。

**1. 估计固定效应的空间面板滞后模型**

(1) 估计无固定效应的空间面板滞后模型。

Matlab 代码如下：

```
  A = xlsread('cigarette. xls');
W1 = xlsread('Spat - Sym - US. xls');
T = 30; N = 46;
W = normw(W1);
y = A(:,[3]);
x = A(:,[4,6]);
for t = 1:T
     t1 = (t - 1)* N + 1;t2 = t* N;
     wx(t1:t2,:) = W* x(t1:t2,:);
end
xconstant = ones(N* T,1);
[nobs K] = size(x);
% -------------------------------------------------------------------------
info. lflag = 0;
info. model = 0;    %  无固定效应
info. fe = 0;
results = sar_panel_FE(y,[xconstant x],W,T,info);
vnames = strvcat('logcit','intercept','logp','logy');
prt_sp(results,vnames,1);

spat_model = 0;
direct_indirect_effects_estimates(results,W,spat_model);
panel_effects_sar(results,vnames,W);
```

运行结果如下：

```
Pooled model with spatially lagged dependent variable, no fixed
effects
Dependent Variable =         logcit
R - squared         =         0.3505
corr - squared      =         0.2994
sigma^2             =         0.0327
Nobs,Nvar,#FE       =  1380,      4,       3
log - likelihood    =         394.57705
# of iterations     =              1
min and max rho     =    - 1.3924,   1.0000
total time in secs  =         0.0140
time for optimiz    =         0.0010
time for lndet      =         0.0060
time for eigs       =         0.0010
time for t - stats  =         0.0010
No lndet approximation used
**********************************************************************
Variable     Coefficient  Asymptot t - stat   z - probability
intercept    2.644644         16.668745          0.000000
logp        - 0.758486       - 19.182087         0.000000
logy         0.253848         10.124622          0.000000
W* dep. var. 0.190584          6.210212          0.000000


   direct    t - stat  indirect   t - stat  total    t - stat

ans =

  - 0.7671  - 18.6805  - 0.1725  - 5.6916  - 0.9396  - 21.3917
    0.2569   10.4337    0.0578    5.0052    0.3148   10.5962


Direct    Coefficient   t - stat    t - prob   lower 05    upper 95
logp      - 0.766478   - 19.627377  0.000000  - 0.842532  - 0.686282
logy        0.256788     10.049740  0.000000    0.206028    0.309320


Indirect  Coefficient   t - stat    t - prob   lower 05    upper 95
logp      - 0.171508    - 5.956909  0.000000  - 0.232316  - 0.117221
logy        0.057435      5.340882  0.000003    0.037374    0.080844
```

| Total | Coefficient | t-stat | t-prob | lower 05 | upper 95 |
|-------|-------------|--------|--------|----------|----------|
| logp | -0.937986 | -22.096471 | 0.000000 | -1.023843 | -0.855129 |
| logy | 0.314223 | 10.431437 | 0.000000 | 0.254228 | 0.374934 |

估计的结果分为两部分。第一部分报告的是空间滞后模型的估计结果。第二部分报告的是空间滞后模型的直接效应、间接效应和总效应。

在估计结果中，"Pooled model with spatially lagged dependent variable, no fixed effects"中的"Pooled model"表示这是一个混合面板数据，"spatially lagged dependent variable"表示含有因变量空间滞后项，也就是空间滞后模型的含义。"no fixed effects"表明不含固定效应。从系数来看，logp 的系数为 -0.758486，t 统计量为 -19.182087，t 统计量的伴随概率为 0.000000，说明在 1% 的显著性水平下拒绝了"$H_0$：logp 的系数等于 0"的原假设。换言之，提高香烟的平均零售价格可以减少香烟的销售数量。变量 logy 的系数为 0.253848，t 统计量为 10.124622，t 统计量的伴随概率为 0.000000，说明在 1% 的显著性水平下拒绝了"$H_0$：logy 的系数等于 0"的原假设。换言之，人均可支配收入的提高可以显著地增加香烟的销售数量。参数 W*dep. var. 表示的是空间滞后模型中的空间自回归系数 $\rho$，在面板数据空间滞后模型中用参数 W*dep. var. 而并非用参数 rho 来表示 $\rho$，请注意这个细节。从结果来看，空间自回归系数 W*dep. var. 等于 0.190584，t 统计量为 6.210212，t 统计量的伴随概率为 0.000000，说明在 1% 的显著性水平下拒绝"$H_0$：空间自回归系数等于 0"的原假设。这说明，周围邻居地区香烟销售数量的增加也会使得本地区香烟销售数量增加。

直接效应和间接效应的结果给出了两种形式的结果。第一种形式是简约版的。第二种形式的详细版的，这个版本的结果总体上分为上、中、下三块，分别汇报了各个自变量的直接效应（direct）、间接效应（indirect）和总效应（total）。这两种版本的结果略有不同，但相差很少。下面以详细版本为例进行说明。

直接效应方面，自变量 logp 直接效应的计算结果为 -0.766478，t 统计量为 -19.627377，伴随概率为 0.000000，说明在 1% 的显著性水平下拒绝"自变量 logp 直接效应为 0"的原假设。自变量 logy 直接效应的计算结果为 0.256788，t 统计量为 10.049740，伴随概率为 0.000000，说明在 1% 的显著性水平下拒绝"自变量 logy 直接效应为 0"的原假设。这两个自变量的直接效应在统计上均十分显著。

间接效应方面，自变量 logp 间接效应的计算结果为 -0.171508，t 统计量为 -5.956909，伴随概率为 0.000000，说明在 10% 的显著性水平下无法拒绝"自变量 logp 间接效应为 0"的原假设。自变量 logy 间接效应的计算结果为 0.057435，t 统计量为 5.340882，伴随概率为 0.000003，说明在 10% 显著性水平下拒绝"自变量 logy 间接效应为 0"的原假设。

总效应等于直接效应和间接效应之和。自变量 logp 的总效应的 t 统计量的伴随概率分别为 0.000000，说明在 1% 的显著性水平下拒绝"自变量 logp 总效应为 0"的原假设。自变量 logy 的总效应的 t 统计量的伴随概率分别为 0.000000，说明在 1% 的显著性水平下拒绝"自变量 logy 总效应为 0"的原假设。

（2）估计固定效应的空间面板滞后模型。

Matlab 代码如下：

```
A = xlsread('cigarette.xls');
W1 = xlsread('Spat - Sym - US.xls');
T = 30; N = 46;
W = normw(W1);
y = A(:,[3]);
x = A(:,[4,6]);
for t = 1:T
    t1 = (t - 1) * N + 1; t2 = t * N;
    wx(t1:t2,:) = W * x(t1:t2,:);
end
xconstant = ones(N* T,1);
[nobs K] = size(x);
% --------------------------------------------------------------------------
info.lflag = 0;
info.model = 1;
info.fe = 0;
results = sar_panel_FE(y,x,W,T,info);
vnames = strvcat('logcit','logp','logy');
prt_sp(results,vnames,1);

spat_model = 0;
direct_indirect_effects_estimates(results,W,spat_model);
panel_effects_sar(results,vnames,W);
```

运行结果如下：

```
Pooled model with spatially lagged dependent variable and spatial
fixed effects
Dependent Variable  =       logcit
R - squared         =       0.8676
corr - squared      =       0.5234
sigma^2             =       0.0069
Nobs,Nvar,#FE       =   1380,    3,    48
log - likelihood    =       1482.2945
# of iterations     =       1
min and max rho     =     - 1.3924, 1.0000
total time in secs  =       0.0100
time for optimiz    =       0.0100
No lndet approximation used
************************************************************************
Variable    Coefficient  Asymptot t - stat  z - probability
logp        - 0.534872     - 20.807051        0.000000
logy        - 0.000875     - 0.056495         0.954947
W* dep. var.  0.292566      10.223721         0.000000

    direct    t - stat   indirect   t - stat   total    t - stat

ans =

  - 0.5488   - 22.7192   - 0.2095   - 9.7950   - 0.7583   - 30.0719
  - 0.0001   - 0.0076    - 0.0001   - 0.0103   - 0.0002   - 0.0084


Direct   Coefficient    t - stat    t - prob    lower 05     upper 95
logp      - 0.547723    - 22.690061  0.000000   - 0.592490   - 0.502127
logy      - 0.000230    - 0.015701   0.987541   - 0.029517    0.028192


Indirect Coefficient    t - stat    t - prob    lower 05     upper 95
logp      - 0.208939    - 9.595637   0.000000   - 0.253510   - 0.167688
logy      - 0.000090    - 0.016022   0.987287   - 0.012227    0.010965


Total    Coefficient    t - stat    t - prob    lower 05     upper 95
logp      - 0.756662    - 30.151658  0.000000   - 0.806810   - 0.707855
logy      - 0.000321    - 0.015815   0.987450   - 0.041828    0.039149
```

　　估计的结果分为两部分。第一部分报告的是空间滞后模型的估计结果。第二部分报告的是空间滞后模型的直接效应、间接效应和总效应。

　　在估计结果中，"Pooled model with spatially lagged dependent variable and spatial fixed effects"中的"Pooled model"表示这是一个混合面板数据，"spatially lagged dependent variable"表示含有因变量空间滞后项，也就是空间滞后模型的含义。"spatial fixed effects"表明含固定效应。从系数来看，logp 的系数为 $-0.534872$，t 统计量为 $-20.807051$，t 统计量的伴随概率为 $0.000000$，说明在 1% 的显著性水平下拒绝了"$H_0$：logp 的系数等于 0"的原假设。换言之，提高香烟的平均零售价格可以减少香烟的销售数量。变量 logy 的系数为 $-0.000875$，t 统计量为 $-0.056495$，t 统计量的伴随概率为 $0.954947$，说明在 1% 的显著性水平下无法拒绝了"$H_0$：logy 的系数等于 0"的原假设。参数 W * dep. var. 表示的是空间滞后模型中的空间自回归系数 ρ 等于 $0.292566$，t 统计量为 $10.223721$，t 统计量的伴随概率为 $0.000000$，说明在 1% 的显著性水平下拒绝"$H_0$：空间自回归系数等于 0"的原假设。这说明，周围邻居地区香烟销售数量的增加也会使得本地区香烟销售数量增加。

　　直接效应和间接效应的结果给出了两种形式的结果。第一种形式是简约版的。第二种形式是详细版的，这个版本的结果总体上分为上、中、下三块，分别汇报了各个自变量的直接效应、间接效应和总效应。这两种版本的结果略有不同，但相差很少。下面一详细版本为例进行说明。

　　直接效应方面，自变量 logp 直接效应的计算结果为 $-0.547723$，t 统计量为 $-22.690061$，伴随概率为 $0.000000$，说明在 1% 的显著性水平下拒绝"自变量 logp 直接效应为 0"的原假设。自变量 logy 直接效应的计算结果为 $-0.000230$，t 统计量为 $-0.015701$，伴随概率为 $0.987541$，说明在 5% 的显著性水平下无法拒绝"自变量 logy 直接效应为 0"的原假设。

　　间接效应方面，自变量 logp 间接效应的计算结果为 $-0.208939$，t 统计量为 $-9.595637$，伴随概率为 $0.000000$，说明在 1% 的显著性水平下无法拒绝"自变量 logp 间接效应为 0"的原假设。自变量 logy 间接效应的计算结果为 $-0.000090$，t 统计量为 $-0.016022$，伴随概率为 $0.987287$，说明在 5% 显著性水平下无法拒绝"自变量 logy 间接效应为 0"的原假设。

　　总效应等于直接效应和间接效应之和。自变量"logp"的总效应的 t 统计量的伴随概率分别为 $0.000000$，说明在 1% 的显著性水平下拒绝"自变量 logp 总效应为 0"的原假设。自变量 logy 的总效应的 t 统计量的伴随概率为 $0.987450$，说明在 5% 的显著性水平下无法拒绝"自变量 logy 总效应为 0"的原假设。

　　如果想要估计时间固定效应与空间和时间双固定效应的空间滞后模型，

只需要修改空间固定效应的空间滞后模型代码中的参数 info. model 即可，其中：

（1）"info. model = 0"表示估计无空间固定效应的空间滞后模型；

（2）"info. model = 1"表示估计空间固定效应的空间滞后模型；

（3）"info. model = 2"表示估计时间固定效应的空间滞后模型；

（4）"info. model = 3"表示估计空间和时间双固定效应的空间滞后模型。

时间固定效应的空间滞后模型和空间与时间双固定效应的空间滞后模型的代码和估计结果与上述类似，故此不再重复。

**2. 估计随机效应的空间面板滞后模型**

使用的函数：sar_ panel_ RE，其用法如下：

```
[ywith,xwith,meanny,meannx,meanty,meantx] = demean(y,[x wx],N,T,2);
results = sar_panel_RE(ywith,xwith,W,T,info);
```

Matlab 代码如下：

```
A = xlsread('cigarette. xls');
W1 = xlsread('Spat - Sym - US. xls');
T = 30; N = 46;
W = normw(W1);
y = A(:,[3]);
x = A(:,[4,6]);
for t = 1:T
    t1 = (t - 1)* N + 1;t2 = t* N;
    wx(t1:t2,:) = W* x(t1:t2,:);
end
[nobs K] = size(x);
vnames = strvcat('logcit','intercept','logp','logy');
%
% % % % % % % % %  random effects estimator by ML % % % % % % % % % % %
%
info. lflag = 0;
results = sar_panel_RE(y,[xconstant x],W,T,info);
prt_sp(results,vnames);
```

运行结果如下：

```
Pooled model with spatially lagged dependent variable and spatial ran-
dom effects
Dependent Variable    =         logcit
R - squared           =         0.8631
corr - squared        =         0.2421
sigma^2               =         0.0069
Nobs,Nvar             =         1380,   4
log - likelihood      =         1348.3953
# of iterations       =         3
min and max rho       =       - 1.3924, 1.0000
total time in secs    =         0.0760
time for optimiz      =         0.0690
time for lndet        =         0.0050
time for eigs         =         0.0030
time for t - stats    =         0.0010
No lndet approximation used
**********************************************************************
Variable    Coefficient   Asymptot t - stat   z - probability
intercept    3.290086       21.270860          0.000000
logp       - 0.533440     - 20.777826          0.000000
logy         0.003165        0.205378          0.837277
W* dep. var. 0.298553       10.488275          0.000000
teta         0.090170        6.808008          0.000000
```

　　估计结果中，变量 logp 的系数为 - 0.533440，t 统计量为 - 20.777826，t 统计量的伴随概率为 0.000000，说明在 1% 的显著性水平下拒绝了"$H_0$：logp 的系数等于 0"的原假设。变量 logy 的系数为 0.003165，t 统计量为 0.205378，t 统计量的伴随概率为 0.837277，说明在 1% 的显著性水平下无法拒绝了"$H_0$：logy 的系数等于 0"的原假设。

　　参数 W ∗ dep. var. 表示的是空间滞后模型中的空间自回归系数 ρ 等于 0.298553，t 统计量为 10.488275，t 统计量的伴随概率为 0.000000，说明在 1% 的显著性水平下拒绝"H0：空间自回归系数等于 0"的原假设。这说明，周围邻居地区香烟销售数量的增加也会使得本地区香烟销售数量增加。

　　随机效应的空间滞后模型估计结果的最后一行报告出了随机效应中的一个重要参数 teta，这个估计的系数结果就是随机效应公式中的重要参数 θ。从估计的结果来，参数 teta 的估计系数为 0.090170，t 统计量为

6.808008，t 统计量的伴随概率为 0.000000。从参数 teta 的估计结果来看，拒绝了系数为 0 的原假设。

# 练　习

使用 ncovr 数据重复上述操作（依据所学知识，需要适当修改程序）。

# 实验 17
# 空间面板误差模型

## 17.1 实验目的

◇ 学习使用 Matlab 的 sem_panel_FE 和 sem_panel_RE 命令估计空间面板误差模型，理解该命令的结果

## 17.2 实验步骤

◇ 读入数据
◇ 设置参数
◇ 估计模型
◇ 输出结果

## 17.3 实验内容

使用的函数：sem_panel_FE，其用法如下：

```
results = sem_panel_FE(y,x,W,T,info);
```

其中，变量和参数的含义与 sar 函数相似。

空间面板数据的空间滞后模型按照是否为固定效应模型或随机效应模型可以分为下列 5 种模型：

（1）无固定效应的空间面板误差模型；

（2）空间固定效应的空间面板误差模型；

（3）时间固定效应的空间面板误差模型；

（4）空间和时间双固定效应的空间面板误差模型；

（5）随机效应的空间面板误差模型。

**1. 估计固定效应的空间面板误差模型**

（1）估计无固定效应的空间面板误差模型。

Matlab 代码如下：

```
A = xlsread('cigarette. xls');
W1 = xlsread('Spat - Sym - US. xls');
T = 30; N = 46;
W = normw(W1);
y = A(:,[3]);
x = A(:,[4,6]);
for t = 1:T
    t1 = (t - 1) * N + 1;t2 = t* N;
    wx(t1:t2,:) = W* x(t1:t2,:);
end
xconstant = ones(N* T,1);
[nobs K] = size(x);
% -------------------------------------------------------------------------

info. lflag = 0;
info. model = 0;    %   无固定效应
info. fe = 0;
results = sem_panel_FE(y,[xconstant x],W,T,info);
vnames = strvcat('logcit','intercept','logp','logy');
prt_sp(results,vnames,1);
```

运行结果如下：

```
Pooled model with spatial error autocorrelation,no fixed effects
Dependent Variable    =         logcit
R - squared           =         0.3087
corr - squared        =         0.3177
sigma^2               =         0.0303
log - likelihood      =         432.28976
Nobs,Nvar,#FE         =         1380,     3,       3
# iterations          =               15
min and max rho       =      - 1.3924,  1.0000
total time in secs    =         0.0350
time for optimiz      =         0.0140
time for lndet        =         0.0060
time for eigs         =         0.0100
time for t - stats    =         0.0010
No lndet approximation used
*************************************************************************
Variable    Coefficient   Asymptot t - stat   z - probability
intercept   2.982865         21.953714         0.000000
logp        - 0.977316      - 23.183793        0.000000
logy        0.375405         12.700044         0.000000
spat.aut.   0.347580         11.434958         0.000000
```

　　在估计结果中,"Pooled model with spatial error autocorrelation, no fixed effects"中的"Pooled model"表示这是一个混合面板数据,"spatial error autocorrelation"表示含有随机误差项的空间滞后项,也就是空间面板误差模型的含义。"no fixed effects"表明不含固定效应。从系数来看,logp 的系数为 - 0.977316,t 统计量为 - 23.183793,t 统计量的伴随概率为 0.000000,说明在 1% 的显著性水平下拒绝了"$H_0$: logp 的系数等于 0"的原假设。换言之,提高香烟的平均零售价格可以减少香烟的销售数量。变量 logy 的系数为 0.375405,t 统计量为 12.700044,t 统计量的伴随概率为 0.000000,说明在 1% 的显著性水平下拒绝了"$H_0$: logy 的系数等于 0"的原假设。换言之,人均可支配收入的提高可以显著地增加香烟的销售数量。参数 spat. aut. 表示的是空间误差模型中的空间自回归系数 λ,在面板数据空间误差模型中用 spat. aut. 而并非用 lamda 来表示 λ,请注意这个细节。从结果来看,空间自回归系数"spat. aut."等于 0.347580,t 统计量为 11.434958,t 统计量的伴随概率为 0.000000,说明在 1% 的显著性水平下拒绝"$H_0$:空间自回归系数等于 0"的原假设。这说明,在随机误差项中存在显著的空间依赖性。

（2）估计固定效应的空间面板误差模型。

Matlab 代码如下：

```
A = xlsread('cigarette.xls');
W1 = xlsread('Spat - Sym - US.xls');
T = 30; N = 46;
W = normw(W1);
y = A(:,[3]);
x = A(:,[4,6]);
for t = 1:T
    t1 = (t - 1) * N + 1; t2 = t * N;
    wx(t1:t2,:) = W* x(t1:t2,:);
end
xconstant = ones(N* T,1);
[nobs K] = size(x);
% -------------------------------------------------------------------
info.lflag = 0;
info.model = 1;
info.fe = 0;
results = sem_panel_FE(y,x,W,T,info);
vnames = strvcat('logcit','logp','logy');
prt_sp(results,vnames,1);
```

运行结果如下：

```
Pooled model with spatial error autocorrelation and spatial fixed
effects
Dependent Variable    =         logcit
R - squared           =         0.8495
corr - squared        =         0.5399
sigma^2               =         0.0061
log - likelihood      =         1538.7719
Nobs,Nvar,#FE         =   1380,    2,     48
# iterations          =              19
min and max rho       =   -1.3924,   1.0000
total time in secs    =         0.0550
time for optimiz      =         0.0380
time for lndet        =         0.0050
```

```
time for eigs      =  0.0050
time for t - stats =  0.0010
No lndet approximation used
****************************************************************
Variable   Coefficient   Asymptot t - stat   z - probability
logp       - 0.786580    - 29.843199         0.000000
logy         0.054588      2.118314          0.034148
spat. aut.   0.468594     17.220988          0.000000
```

在估计结果中，"Pooled model with spatial error autocorrelation and spatial fixed effects"中的"Pooled model"表示这是一个混合面板数据，"spatial error autocorrelation"表示含有随机误差项的空间滞后项，也就是空间面板误差模型的含义。"spatial fixed effects"表明含固定效应。从系数来看，logp 的系数为 - 0.786580，t 统计量为 - 29.843199，t 统计量的伴随概率为 0.000000，说明在 1% 的显著性水平下拒绝了"$H_0$：logp 的系数等于 0"的原假设。换言之，提高香烟的平均零售价格可以减少香烟的销售数量。变量 logy 的系数为 0.054588，t 统计量为 2.118314，t 统计量的伴随概率为 0.034148，说明在 5% 的显著性水平下拒绝了"$H_0$：logy 的系数等于 0"的原假设。参数 spat. aut. 表示的是空间误差模型中的空间自回归系数 $\lambda$，在面板数据空间误差模型中用参数 spat. aut. 而并非用参数 lamda 来表示 $\lambda$，请注意这个细节。从结果来看，空间自回归系数 spat. aut. 等于 0.468594，t 统计量为 17.220988，t 统计量的伴随概率为 0.000000，说明在 1% 的显著性水平下拒绝"$H_0$：空间自回归系数等于 0"的原假设。这说明，在随机误差项中存在显著的空间依赖性。

如要估计时间固定效应与空间和时间双固定效应的空间面板误差模型，只需要修改空间固定效应的空间滞后模型代码中的参数"info. model"即可，其中：

① "info. model = 0"表示估计无空间固定效应的空间面板误差模型；

② "info. model = 1"表示估计空间固定效应的空间面板误差模型；

③ "info. model = 2"表示估计时间固定效应的空间面板误差模型；

④ "info. model = 3"表示估计空间和时间双固定效应的空间面板误差模型。

时间固定效应的空间滞后模型和空间与时间双固定效应的空间滞后模型的代码和估计结果与上述类似，故此不再重复。

**2. 估计随机效应的空间面板滞后模型**

使用的函数：sar_ panel_ RE，其用法如下：

```
[ywith,xwith,meanny,meannx,meanty,meantx] = demean(y,[x wx],N,T,2);
results = sar_panel_RE(ywith,xwith,W,T,info);
```

**Matlab 代码如下:**

```
A = xlsread('cigarette. xls');
W1 = xlsread('Spat - Sym - US. xls');
T = 30; N = 46;
W = normw(W1);
y = A(:,[3]);
x = A(:,[4,6]);
for t = 1:T
    t1 = (t - 1)* N + 1;t2 = t* N;
    wx(t1:t2,:) = W* x(t1:t2,:);
end
[nobs K] = size(x);
vnames = strvcat('logcit','intercept','logp','logy');
%
% % % % % % % % % random effects estimator by ML % % % % % % % % % %
%
info. lflag = 0;
results = sem_panel_RE(y,[xconstant x],W,T,info);
prt_sp(results,vnames);
```

**运行结果如下:**

```
Pooled model with spatial error autocorrelation and spatial random
effects
Dependent Variable   =        logcit
R - squared          =        0.8790
corr - squared       =        0.2878
sigma^2              =        0.0061
Nobs,Nvar            =        1380,        3
log - likelihood     =        1404.7269
# of iterations      =           5
min and max rho      =     -1.3924,   1.0000
total time in secs   =        0.1660
time for optimiz     =        0.1360
time for eigs        =        0.0030
time for t - stats   =        0.0100
```

```
***********************************************************
Variable    Coefficient   Asymptot t-stat   z-probability
intercept    4.409696       36.859811        0.000000
logp        -0.791313      -29.915179        0.000000
logy         0.067188        2.616425        0.008886
spat. aut.   0.474639       17.290499        0.000000
teta         4.326888        5.362029        0.000000
```

　　估计结果中，变量 logp 的系数为 -0.791313，t 统计量为 -29.915179，t 统计量的伴随概率为 0.000000，说明在 1% 的显著性水平下拒绝了"$H_0$：logp 的系数等于 0"的原假设。变量 logy 的系数为 0.067188，t 统计量为 2.616425，t 统计量的伴随概率为 0.008886，说明在 1% 的显著性水平下拒绝了"$H_0$：logy 的系数等于 0"的原假设。空间自回归系数 spat. aut. 等于 0.474639，t 统计量为 17.290499，t 统计量的伴随概率为 0.000000，说明在 1% 的显著性水平下拒绝"$H_0$：空间自回归系数等于 0"的原假设。这说明，在随机误差项中存在显著的空间依赖性。

　　随机效应的空间面板误差模型估计结果的最后一行报告出了随机效应中的一个重要参数 teta，这个估计的系数结果就是随机效应公式中的重要参数 θ。从估计的结果来，参数 teta 的估计系数为 4.326888，t 统计量为 5.362029，t 统计量的伴随概率为 0.000000。从"teta"的估计结果来看，拒绝了系数为 0 的原假设。

# 练　　习

　　使用 ncovr 数据重复上述操作（依据所学知识，需要适当修改程序）。

# 实验 18

# 空间面板杜宾模型

## 18.1 实验目的

◇ 学习使用 Matlab 的 sar_panel_FE 和 sar_panel_ RE 命令估计空间面板杜宾模型，理解该命令的结果

## 18.2 实验步骤

◇ 读入数据
◇ 设置参数
◇ 估计模型
◇ 输出结果

## 18.3 实验内容

使用的函数：sar_panel_FE，其用法如下：

```
results = sar_panel_FE(y,[x wx],W,T,info);
```

其中，变量和参数的含义与 sar 函数相似。

**1. 估计固定效应的空间面板滞后模型**

（1）估计无固定效应的空间面板滞后模型。

Matlab 代码如下：

```
A = xlsread('cigarette. xls');
W1 = xlsread('Spat - Sym - US. xls');
T = 30; N = 46;
W = normw(W1);
y = A(:,[3]);
x = A(:,[4,6]);
for t = 1:T
    t1 = (t - 1) * N + 1;t2 = t * N;
    wx(t1:t2,:) = W* x(t1:t2,:);
end
xconstant = ones(N* T,1);
[nobs K] = size(x);
% ----------------------------------------------------------------------
info. lflag = 0;
info. model = 0;
info. fe = 0;
results = sar_panel_FE(y,[xconstant x wx],W,T,info);
vnames = strvcat('logcit','intercept','logp','logy','W* logp','W* lo-
gy');
prt_sp(results,vnames,1);
spat_model = 1;
direct_indirect_effects_estimates(results,W,spat_model);
panel_effects_sdm(results,vnames,W);
```

运行结果如下：

```
Pooled model with spatially lagged dependent variable, no fixed
effects
Dependent Variable    =    logcit
R - squared           =    0.4346
corr - squared        =    0.3600
sigma^2               =    0.0285
Nobs,Nvar,#FE         =    1380,6,5
```

```
log - likelihood      =       475.54133
# of iterations       =            1
min and max rho       =    -1.3924,  1.0000
total time in secs    =       0.0150
time for optimiz      =       0.0000
time for lndet        =       0.0030
time for eigs         =       0.0020
No lndet approximation used
**************************************************************
```

| Variable | Coefficient | Asymptot t - stat | z - probability |
|---|---|---|---|
| intercept | 2.631328 | 15.820804 | 0.000000 |
| logp | -1.250674 | -21.795955 | 0.000000 |
| logy | 0.554195 | 14.957806 | 0.000000 |
| W* logp | 0.780488 | 11.148731 | 0.000000 |
| W* logy | -0.444389 | -10.114607 | 0.000000 |
| W* dep. var. | 0.336580 | 11.091063 | 0.000000 |

```
    direct    t - stat   indirect    t - stat   total    t - stat

ans =

 -1.2169  -23.0938    0.5077    7.3239  -0.7092  -13.2243
  0.5289   15.6724   -0.3649   -7.6823   0.1640   4.1298
```

| Direct | Coefficient | t - stat | t - prob | lower 05 | upper 95 |
|---|---|---|---|---|---|
| logp | -1.215359 | -22.692219 | 0.000000 | -1.320506 | -1.110367 |
| logy | 0.526029 | 15.055732 | 0.000000 | 0.457501 | 0.593531 |

| Indirect | Coefficient | t - stat | t - prob | lower 05 | upper 95 |
|---|---|---|---|---|---|
| logp | 0.507398 | 7.162676 | 0.000000 | 0.357700 | 0.648733 |
| logy | -0.361041 | -7.501808 | 0.000000 | -0.452433 | -0.269992 |

| Total | Coefficient | t - stat | t - prob | lower 05 | upper 95 |
|---|---|---|---|---|---|
| logp | -0.707961 | -13.244095 | 0.000000 | -0.815709 | -0.604755 |
| logy | 0.164988 | 4.089946 | 0.000172 | 0.085917 | 0.246397 |

估计的结果分为两部分。第一部分报告的是空间面板杜宾模型的估计

结果。第二部分报告的是空间面板杜宾模型的直接效应、间接效应和总效应。

在估计结果中,"Pooled model with spatially lagged dependent variable, no fixed effects"中的"Pooled model"表示这是一个混合面板数据,"spatially lagged dependent variable"表示含有因变量空间滞后项,也就是空间面板杜宾模型的含义。"no fixed effects"表明不含固定效应。从系数来看,logp 的系数为 $-1.250674$,t 统计量为 $-21.795955$,t 统计量的伴随概率为 0.000000,说明在 1% 的显著性水平下拒绝了"$H_0$:logp 的系数等于 0"的原假设。换言之,提高香烟的平均零售价格可以减少香烟的销售数量。变量 logy 的系数为 0.554195,t 统计量为 14.957806,t 统计量的伴随概率为 0.000000,说明在 1% 的显著性水平下拒绝了"$H_0$:logy 的系数等于 0"的原假设。换言之,人均可支配收入的提高可以显著地增加香烟的销售数量。参数 $W * logp$ 的系数为 0.780488,t 统计量为 11.148731,t 统计量的伴随概率为 0.000000,说明在 1% 的显著性水平下拒绝了"$H_0$:$W * logp$ 的系数等于 0"的原假设。参数 $W * logy$ 的系数为 $-0.444389$,t 统计量为 $-10.114607$,t 统计量的伴随概率为 0.000000,说明在 1% 的显著性水平下拒绝了"$H_0$:$W * logy$ 的系数等于 0"的原假设。参数 $W * dep. var.$ 表示的是空间面板杜宾模型中的空间自回归系数 $\rho$,空间自回归系数 $W * dep. var.$ 等于 0.336580,t 统计量为 11.091063,t 统计量的伴随概率为 0.000000,说明在 1% 的显著性水平下拒绝"$H_0$:空间自回归系数等于 0"的原假设。这说明,周围邻居地区香烟销售数量的增加也会使得本地区香烟销售数量增加。

直接效应和间接效应的结果给出了两种形式的结果。第一种形式是简约版的。第二种形式是详细版的,这个版本的结果总体上分为上、中、下三块,分别汇报了各个自变量的直接效应、间接效应和总效应。这两种版本的结果略有不同,但相差很少。下面以详细版本为例进行说明。

直接效应方面,自变量 logp 直接效应的计算结果为 $-1.215359$,t 统计量为 $-22.692219$,伴随概率为 0.000000,说明在 1% 的显著性水平下拒绝"自变量 logp 直接效应为 0"的原假设。自变量 logy 直接效应的计算结果为 0.526029,t 统计量为 15.055732,伴随概率为 0.000000,说明在 1% 的显著性水平下拒绝"自变量 logy 直接效应为 0"的原假设。这两个自变量的直接效应在统计上均十分显著。

间接效应方面,自变量 logp 间接效应的计算结果为 0.507396,t 统计量为 7.162676,伴随概率为 0.000000,说明在 10% 的显著性水平下拒绝"自变量 logp 间接效应为 0"的原假设。自变量 logy 间接效应的计算结果为 $-0.361041$,t 统计量为 $-7.501808$,伴随概率为 0.000000,说明在 10% 显著性水平下拒绝"自变量 logy 间接效应为 0"的原假设。这两个自变量的直接效应在统计上均十分显著。

　　总效应等于直接效应和间接效应之和。自变量 logp 的总效应的 t 统计量的伴随概率分别为 0.000000，说明在 1% 的显著性水平下拒绝"自变量 logp 总效应为 0"的原假设。自变量 logy 的总效应的 t 统计量的伴随概率分别为 0.000172，说明在 1% 的显著性水平下拒绝"自变量 logy 总效应为 0"的原假设。

　　（2）估计固定效应的空间面板杜宾模型。

　　Matlab 代码如下：

```
A = xlsread('cigarette. xls');
W1 = xlsread('Spat - Sym - US. xls');
T = 30; N = 46;
W = normw(W1);
y = A(:,[3]);
x = A(:,[4,6]);
for t = 1:T
    t1 = (t - 1) * N + 1;t2 = t * N;
    wx(t1:t2,:) = W* x(t1:t2,:);
end
xconstant = ones(N* T,1);
[nobs K] = size(x);
% ---------------------------------------------------------------------------
info. lflag = 0;
info. model = 1;
info. fe = 0;
results = sar_panel_FE(y,[x wx],W,T,info);
vnames = strvcat('logcit','logp','logy','W* logp','W* logy');
prt_sp(results,vnames,1);
spat_model = 1;
direct_indirect_effects_estimates(results,W,spat_model);
panel_effects_sdm(results,vnames,W);
```

　　运行结果如下：

```
Pooled model with spatially lagged dependent variable and spatial
fixed effects
Dependent Variable   =        logcit
R - squared          =        0.8922
corr - squared       =        0.5816
sigma^2              =        0.0056
Nobs,Nvar,#FE        = 1380,    5,    50
log - likelihood     =        1598.5192
# of iterations      =        1
min and max rho      =    - 1.3924,  1.0000
total time in secs   =        0.0200
time for optimiz     =        0.0000
time for lndet       =        0.0100
No lndet approximation used
*********************************************************************
Variable    Coefficient  Asymptot t - stat  z - probability
logp          - 0.929727     - 23.163738       0.000000
logy          0.548543        9.122034         0.000000
W* logp       0.578238       12.363242         0.000000
W* logy       - 0.577465     - 9.473181        0.000000
W* dep. var.  0.455590       16.624903         0.000000


    direct   t - stat  indirect   t - stat  total    t - stat
ans =
  - 0.9094  - 24.7079   0.2616    5.8672  - 0.6478  - 21.8081
    0.5007    8.9840  - 0.5535  - 9.2837  - 0.0527  - 1.9799


Direct   Coefficient   t - stat   t - prob   lower 05   upper 95
logp       - 0.907986    - 23.648841  0.000000  - 0.984192  - 0.832072
logy       0.504240       9.106353    0.000000   0.395588    0.615123


Indirect Coefficient   t - stat   t - prob   lower 05   upper 95
logp       0.259754       5.784385    0.000001   0.174321    0.349177
logy       - 0.557079    - 9.475081   0.000000  - 0.679804  - 0.437771


Total    Coefficient   t - stat   t - prob   lower 05   upper 95
logp       - 0.648232    - 21.536993  0.000000  - 0.707870  - 0.590775
logy       - 0.052839    - 2.032798   0.047868  - 0.103651  - 0.003071
```

估计的结果分为两部分。第一部分报告的是空间面板杜宾模型的估计结果。第二部分报告的是空间面板杜宾模型的直接效应、间接效应和总效应。

在估计结果中，"Pooled model with spatially lagged dependent variable and spatial fixed effects"中的"Pooled model"表示这是一个混合面板数据，"spatially lagged dependent variable"表示含有因变量空间滞后项，也就是空间滞后模型的含义。"spatial fixed effects"表明含固定效应。从系数来看，logp 的系数为 $-0.929727$，t 统计量为 $-23.163738$，t 统计量的伴随概率为 0.000000，说明在 1% 的显著性水平下拒绝了"$H_0$：logp 的系数等于 0"的原假设。换言之，提高香烟的平均零售价格可以减少香烟的销售数量。变量 logy 的系数为 0.548543，t 统计量为 9.122034，t 统计量的伴随概率为 0.000000，说明在 1% 的显著性水平下拒绝了"$H_0$：logy 的系数等于 0"的原假设。参数 W * logp 表示的是空间滞后模型中的自变量空间自回归系数等于 0.578238，t 统计量为 12.363242，t 统计量的伴随概率为 0.000000，说明在 1% 的显著性水平下拒绝"$H_0$：自变量空间自回归系数等于 0"的原假设。参数 W * logy 表示的是空间滞后模型中的自变量空间自回归系数等于 $-0.577465$，t 统计量为 $-9.473181$，t 统计量的伴随概率为 0.000000，说明在 1% 的显著性水平下拒绝"$H_0$：自变量空间自回归系数等于 0"的原假设。参数 W * dep. var. 表示的是空间滞后模型中的空间自回归系数 ρ 等于 0.455590，t 统计量为 16.624903，t 统计量的伴随概率为 0.000000，说明在 1% 的显著性水平下拒绝"$H_0$：空间自回归系数等于 0"的原假设。这说明，周围邻居地区香烟销售数量的增加也会使得本地区香烟销售数量增加。

直接效应和间接效应的结果给出了两种形式的结果。第一种形式是简约版的。第二种形式是详细版的，这个版本的结果总体上分为上、中、下三块，分别汇报了各个自变量的直接效应、间接效应和总效应。这两种版本的结果略有不同，但相差很少。下面一详细版本为例进行说明。

直接效应方面，自变量 logp 直接效应的计算结果为 $-0.907986$，t 统计量为 $-23.648841$，伴随概率为 0.000000，说明在 1% 的显著性水平下拒绝"自变量 logp 直接效应为 0"的原假设。自变量 logy 直接效应的计算结果为 0.504240，t 统计量为 9.106353，伴随概率为 0.000000，说明在 1% 的显著性水平下拒绝"自变量 logy 直接效应为 0"的原假设。这两个自变量的直接效应在统计上均十分显著。

间接效应方面，自变量 logp 间接效应的计算结果为 0.259754，t 统计量为 5.784385，伴随概率为 0.000001，说明在 1% 的显著性水平下拒绝"自变量 logp 间接效应为 0"的原假设。自变量 logy 间接效应的计算结果为

－0.557079，t 统计量为 －9.475081，伴随概率为 0.000000，说明在 1% 的显著性水平下拒绝"自变量 logy 间接效应为 0"的原假设。

总效应等于直接效应和间接效应之和。自变量 logp 的总效应的 t 统计量的伴随概率分别为 0.000000，说明在 1% 的显著性水平下拒绝"自变量 logp 总效应为 0"的原假设。自变量 logy 的总效应的 t 统计量的伴随概率为 0.047868，说明在 5% 的显著性水平下拒绝"自变量 logy 总效应为 0"的原假设。

如要估计时间固定效应与空间和时间双固定效应的空间面板杜宾模型，只需要修改空间固定效应的空间滞后模型代码中的参数"info. model"即可，其中：

①"info. model =0"表示估计无空间固定效应的空间面板杜宾模型；

②"info. model =1"表示估计空间固定效应的空间面板杜宾模型；

③"info. model =2"表示估计时间固定效应的空间面板杜宾模型；

④"info. model =3"表示估计空间和时间双固定效应的空间面板杜宾模型。

时间固定效应的空间面板杜宾模型和空间与时间双固定效应的空间滞后模型的代码和估计结果与上述类似，故此不再重复。

（3）空间面板杜宾模型简化为空间面板滞后或空间面板误差模型的检验。

通过似然比（LR）和 Wald 检验判断是否可以将空间面板杜宾模型简化为空间面板滞后或空间面板误差模型。

Matlab 代码如下：

```
A =xlsread('cigarette. xls');
W1 =xlsread('Spat - Sym - US. xls');
T =30;
N =46;


W =normw(W1);
y =A(:,[3]);
x =A(:,[4,6]);
for t =1:T
    t1 = (t -1)* N +1;t2 =t* N;
    wx(t1:t2,:) =W* x(t1:t2,:);
end
xconstant =ones(N* T,1);
[nobs K] =size(x);
```

```
% ------------------------------------------------------------------------
% Spatial and time period fixed effects + spatially lagged dependent
variable + spatially
% independent variables
% No bias correction
info. bc = 0;
info. lflag = 0;
info. model = 3;
info. fe = 0;

results = sar_panel_FE(y,[x wx],W,T,info);

% Wald test for spatial Durbin model against spatial lag model
fprintf('Spatial Durbin model can be simplifed to spatial lag model(Wald
test)')
btemp = results. parm;
varcov = results. cov;
Rafg = zeros(K,2* K +2);
for k = 1:K
     Rafg(k,K + k) =1; %  R(1,3) =0 and R(2,4) =0;
end
Wald_spatial_lag = (Rafg* btemp) '* inv(Rafg* varcov* Rafg') * Rafg*
btemp
prob_spatial_lag =1 - chis_cdf (Wald_spatial_lag,K) % probability grea-
ter than 0. 05 points to insignificance

% LR test spatial Durbin model against spatial lag model (requires
% estimation results of the spatial lag model to be available)
fprintf('Spatial Durbin model can be simplifed to spatial lag model(LR
test)')
resultssar = sar_panel_FE(y,x,W,T,info);
LR_spatial_lag = -2* (resultssar. lik - results. lik)
prob_spatial_lag =1 - chis_cdf (LR_spatial_lag,K) % probability grea-
ter than 0. 05 points to insignificance

% Wald test spatial Durbin model against spatial error model
fprintf('Spatial Durbin model can be simplifed to spatial error model
(Wald test)')
```

```
R = zeros (K,1);
for k = 1:K
     R(k) = btemp (2 * K + 1) * btemp (k) + btemp (K + k); %  k changed in 1,7/
12/2010
%    R(1) = btemp (5) * btemp (1) + btemp (3);
%    R(2) = btemp (5) * btemp (2) + btemp (4);
end
Rafg = zeros (K,2 * K + 2);
for k = 1:K
    Rafg (k,k)      = btemp (2 * K + 1); %  k changed in 1,7/12/2010
    Rafg (k,K + k)   = 1;
    Rafg (k,2 * K + 1) = btemp (k);
%    Rafg (1,1) = btemp (5);Rafg (1,3) = 1;Rafg (1,5) = btemp (1);
%    Rafg (2,2) = btemp (5);Rafg (2,4) = 1;Rafg (2,5) = btemp (2);
end
Wald_spatial_error = R' * inv (Rafg * varcov * Rafg') * R
prob_spatial_error = 1 - chis_cdf (Wald_spatial_error,K) % probability
greater than 0.05 points to insignificance

%  LR test spatial Durbin model against spatial error model (requires
%  estimation results of the spatial error model to be available
fprintf ('Spatial Durbin model can be simplifed to spatial error model (LR
test)')
resultssem = sem_panel_FE (y,x,W,T,info);
LR_spatial_error = -2 * (resultssem. lik - results. lik)
prob_spatial_error = 1 - chis_cdf (LR_spatial_error,K) %  probability
greater than 0.05 points to insignificance
```

运行结果如下：

```
Spatial Durbin model can be simplifed to spatial lag model (Wald test)
Wald_spatial_lag =   15.1654
prob_spatial_lag =   5.0919e-04

Spatial Durbin model can be simplifed to spatial lag model (LR test)
LR_spatial_lag =   15.7940
prob_spatial_lag =   3.7186e-04

Spatial Durbin model can be simplifed to spatial error model (Wald
test)
```

```
Wald_spatial_error =      8.8702
prob_spatial_error =      0.0119

Spatial Durbin model can be simplifed to spatial error model(LR test)
LR_spatial_error =      8.2745
prob_spatial_error =      0.0160
```

估计结果中，由上述结果可知，无论是似然比检验还是 Wald 检验，都在1%的显著性水平下分别拒绝了"空间杜宾模型可以简化为空间滞后模型"的原假设。无论是似然比检验还是 Wald 检验，都在5%的显著性水平下分别拒绝了"空间杜宾模型可以简化为空间误差模型"的原假设。说明选择空间杜宾模型是合适的。

**2. 估计随机效应的空间面板杜宾模型**

使用的函数：sar_ panel_ RE，其用法如下：

```
[ywith,xwith,meanny,meannx,meanty,meantx]=demean(y,[x wx],N,T,2);
results=sar_panel_RE(ywith,xwith,W,T,info);
```

Matlab 代码如下：

```
A=xlsread('cigarette.xls');
W1=xlsread('Spat-Sym-US.xls');
T=30;
N=46;

W=normw(W1);
y=A(:,[3]);
x=A(:,[4,6]);
for t=1:T
    t1=(t-1)*N+1;t2=t*N;
    wx(t1:t2,:)=W*x(t1:t2,:);
end
xconstant=ones(N*T,1);
[nobs K]=size(x);
vnames=strvcat('logcit','intercept','logp','logy','W*logp','W*lo-
gy');
%
```

```
% % % % % % % % % random effects estimator by ML % % % % % % % % % %
%
info. lflag = 0;
results = sar_panel_RE(y,[xconstant x wx],W,T,info);
prt_sp(results,vnames);
```

运行结果如下：

Pooled model with spatially lagged dependent variable and spatial random effects

| | | |
|---|---|---|
| Dependent Variable | = | logcit |
| R - squared | = | 0.8884 |
| corr - squared | = | 0.3239 |
| sigma^2 | = | 0.0056 |
| Nobs,Nvar | = | 1380,　　6 |
| log - likelihood | = | 1464.2247 |
| # of iterations | = | 3 |
| min and max rho | = | - 1.3924,　1.0000 |
| total time in secs | = | 0.0600 |
| time for optimiz | = | 0.0520 |
| time for lndet | = | 0.0050 |
| time for eigs | = | 0.0020 |
| time for t - stats | = | 0.0010 |

No lndet approximation used

\*\*\*\*\*\*\*\*\*\*\*\*\*\*\*\*\*\*\*\*\*\*\*\*\*\*\*\*\*\*\*\*\*\*\*\*\*\*\*\*\*\*\*\*\*\*\*\*\*\*\*\*\*\*\*\*\*\*\*

| Variable | Coefficient | Asymptot t - stat | z - probability |
|---|---|---|---|
| intercept | 2.705036 | 17.920603 | 0.000000 |
| logp | - 0.936478 | - 23.493301 | 0.000000 |
| logy | 0.545003 | 9.525742 | 0.000000 |
| W* logp | 0.583300 | 12.521282 | 0.000000 |
| W* logy | - 0.572597 | - 9.854199 | 0.000000 |
| W* dep. var. | 0.453595 | 16.524805 | 0.000000 |
| teta | 0.088503 | 6.807057 | 0.000000 |

估计结果中，logp 的系数为 - 0.936478，t 统计量为 - 23.493301，t 统计量的伴随概率为 0.000000，说明在 1% 的显著性水平下拒绝了"$H_0$：logp 的系数等于 0"的原假设。换言之，提高香烟的平均零售价格可以减少香烟的销售数量。变量 logy 的系数为 0.545003，t 统计量为 9.525742，t 统

计量的伴随概率为 0.000000，说明在 1% 的显著性水平下拒绝了 "$H_0$：logy 的系数等于 0" 的原假设。

参数 W * logp 表示的是空间面板杜宾模型中的自变量空间自回归系数等于 0.583300，t 统计量为 12.521282，t 统计量的伴随概率为 0.000000，说明在 1% 的显著性水平下拒绝 "$H_0$：自变量空间自回归系数等于 0" 的原假设。参数 W * logy 表示的是空间面板杜宾模型中的自变量空间自回归系数等于 -0.572597，t 统计量为 -9.854199，t 统计量的伴随概率为 0.000000，说明在 1% 的显著性水平下拒绝 "$H_0$：自变量空间自回归系数等于 0" 的原假设。参数 W * dep. var. 表示的是空间面板杜宾模型中的空间自回归系数 ρ 等于 0.453595，t 统计量为 16.524805，t 统计量的伴随概率为 0.000000，说明在 1% 的显著性水平下拒绝 "H0：空间自回归系数等于 0" 的原假设。这说明，周围邻居地区香烟销售数量的增加也会使得本地区香烟销售数量增加。

随机效应的空间面板杜宾模型估计结果的最后一行报告出了随机效应中的一个重要参数 teta，这个估计的系数结果就是随机效应公式中的重要参数 θ。从估计的结果来，参数 teta 的估计系数为 0.088503，t 统计量为 6.807057，t 统计量的伴随概率为 0.000000。从参数 teta 的估计结果来看，拒绝了系数为 0 的原假设。

## 练　习

使用 ncovr 数据重复上述操作（依据所学知识，需要适当修改程序）。

# 空间面板杜宾误差模型

## 19.1 实验目的

◇ 学习使用 Matlab 的 sem_panel_FE 和 sem_panel_RE 命令估计空间面板误差模型，理解该命令的结果

## 19.2 实验步骤

◇ 读入数据
◇ 设置参数
◇ 估计模型
◇ 输出结果

## 19.3 实验内容

使用的函数：sem_panel_FE，其用法如下：

```
results = sem_panel_FE(y,[x wx],W,T,info);
```

其中，变量和参数的含义与 sar 函数相似。

空间面板数据的空间滞后模型按照是否为固定效应模型或随机效应模型可以分为 5 种模型，如下所示：

（1）无固定效应的空间面板杜宾误差模型；

（2）空间固定效应的空间面板杜宾误差模型；

（3）时间固定效应的空间面板杜宾误差模型；

（4）空间和时间双固定效应的空间面板杜宾误差模型；

（5）随机效应的空间面板杜宾误差模型。

**1. 估计固定效应的空间面板杜宾误差模型**

（1）估计无固定效应的空间面板杜宾误差模型。

Matlab 代码如下：

```
A = xlsread('cigarette.xls');
W1 = xlsread('Spat - Sym - US.xls');
T = 30;
N = 46;

W = normw(W1);
y = A(:,[3]);
x = A(:,[4,6]);
for t = 1:T
    t1 = (t - 1) * N + 1;t2 = t * N;
    wx(t1:t2,:) = W * x(t1:t2,:);
end
xconstant = ones(N* T,1);
[nobs K] = size(x);
% ---------------------------------------------------------------------

info.lflag = 0;
info.model = 0;    %  无固定效应
info.fe = 0;

results = sem_panel_FE(y,[xconstant x wx],W,T,info);
vnames = strvcat('logcit','intercept','logp','logy','W* logp','W* logy');

prt_sp(results,vnames,1);
```

运行结果如下：

```
Pooled model with spatial error autocorrelation, no fixed effects
Dependent Variable   =          logcit
R - squared          =          0.3535
corr - squared       =          0.3537
sigma^2              =          0.0287
log - likelihood     =          471.45164
Nobs, Nvar, #FE      =     1380,     5,       5
# iterations         =             13
min and max rho      =     -1.3924,  1.0000
total time in secs   =          0.0410
time for optimiz     =          0.0320
time for lndet       =          0.0050
time for eigs        =          0.0030
No lndet approximation used
**********************************************************************
Variable    Coefficient   Asymptot t - stat   z - probability
intercept    3.845018       21.895119          0.000000
logp        - 1.184378     - 22.443527         0.000000
logy         0.516046       14.906634          0.000000
W* logp      0.435543        6.686810          0.000000
W* logy     - 0.324652      - 7.212677         0.000000
spat. aut.   0.338582       11.062595          0.000000
```

在估计结果中，"Pooled model with spatial error autocorrelation，no fixed effects"中的"Pooled model"表示这是一个混合面板数据，"spatial error autocorrelation"表示含有随机误差项的空间滞后项，也就是空间面板杜宾误差模型的含义。"no fixed effects"表明不含固定效应。从系数来看，变量 logp 的系数为 -1.184378，t 统计量为 -22.443527，t 统计量的伴随概率为 0.000000，说明在 1% 的显著性水平下拒绝了"$H_0$：logp 的系数等于 0"的原假设。换言之，提高香烟的平均零售价格可以减少香烟的销售数量。变量 logy 的系数为 0.516046，t 统计量为 14.906634，t 统计量的伴随概率为 0.000000，说明在 1% 的显著性水平下拒绝了"$H_0$：logy 的系数等于 0"的原假设。换言之，人均可支配收入的提高可以显著地增加香烟的销售数量。参数 W * logp 表示的是空间杜宾误差模型中的自变量的空间自回归系数。从结果来看，空间自回归系数 W * logp 等于 0.435543，t 统计量为

6.686810，t 统计量的伴随概率为 0.000000，说明在 1% 的显著性水平下拒绝 "$H_0$：空间自回归系数等于 0" 的原假设。参数 W * logy 表示的是空间杜宾误差模型中的自变量的空间自回归系数。从结果来看，空间自回归系数 W * logy 等于 -0.324652，t 统计量为 -7.212677，t 统计量的伴随概率为 0.000000，说明在 1% 的显著性水平下拒绝 "$H_0$：空间自回归系数等于 0" 的原假设。参数 spat. aut. 表示的是空间杜宾误差模型中的空间自回归系数 $\lambda$，在面板数据空间误差模型中用 "spat. aut." 而并非用 "lamda" 来表示 $\lambda$，请注意这个细节。从结果来看，空间自回归系数 "spat. aut." 等于 0.338582，t 统计量为 11.062595，t 统计量的伴随概率为 0.000000，说明在 1% 的显著性水平下拒绝 "$H_0$：空间自回归系数等于 0" 的原假设。这说明，在随机误差项中存在显著的空间依赖性。

（2）估计固定效应的空间面板误差模型。

Matlab 代码如下：

```
A = xlsread('cigarette. xls');
W1 = xlsread('Spat - Sym - US. xls');
T = 30;
N = 46;

W = normw(W1);
y = A(:,[3]);
x = A(:,[4,6]);
for t = 1:T
    t1 = (t - 1)* N + 1;t2 = t* N;
    wx(t1:t2,:) = W* x(t1:t2,:);
end
xconstant = ones(N* T,1);
[nobs K] = size(x);
% ------------------------------------------------------------------------

info. lflag = 0;
info. model = 1;
info. fe = 0;

results = sem_panel_FE(y,[x wx],W,T,info);
vnames = strvcat('logcit','logp','logy','W* logp','W* logy');

prt_sp(results,vnames,1);
```

运行结果如下：

```
Pooled model with spatial error autocorrelation and spatial fixed
effects
Dependent Variable  =         logcit
R - squared         =         0.8629
corr - squared      =         0.5759
sigma^2             =         0.0057
log - likelihood    =         1590.4197
Nobs,Nvar,#FE       =  1380,    4,    50
# iterations        =            15
min and max rho     =    - 1.3924,  1.0000
total time in secs  =         0.0140
time for optimiz    =         0.0050
time for lndet      =         0.0050
time for eigs       =         0.0020
No lndet approximation used
********************************************************************
Variable   Coefficient  Asymptot t - stat   z - probability
logp        - 0.882361    - 24.569346        0.000000
logy          0.446633      8.430156         0.000000
W* logp       0.221432      5.292918         0.000000
W* logy     - 0.484936    - 8.783869         0.000000
spat. aut.    0.438586     15.627263         0.000000
```

在估计结果中，"Pooled model with spatial error autocorrelation and spatial fixed effects" 中的 "Pooled model" 表示这是一个混合面板数据，"spatial error autocorrelation" 表示含有随机误差项的空间滞后项，也就是空间面板杜宾误差模型的含义。"spatial fixed effects" 表明包含固定效应。从系数来看，logp 的系数为 $-0.882361$，t 统计量为 $-24.569346$，t 统计量的伴随概率为 $0.000000$，说明在 $1\%$ 的显著性水平下拒绝了 "$H_0$：logp 的系数等于 $0$" 的原假设。换言之，提高香烟的平均零售价格可以减少香烟的销售数量。变量 logy 的系数为 $0.446633$，t 统计量为 $8.430156$，t 统计量的伴随概率为 $0.000000$，说明在 $1\%$ 的显著性水平下拒绝了 "$H_0$：logy 的系数等于 $0$" 的原假设。换言之，人均可支配收入的提高可以显著地增加香烟的销售数量。参数 $W*$logp 表示的是空间杜宾误差模型中的自变量的空间自回归系数。从结果来看，空间自回归系数 $W*$logp 等于 $0.221432$，t 统计量为

5.292918，t 统计量的伴随概率为 0.000000，说明在 1% 的显著性水平下拒绝"$H_0$：空间自回归系数等于 0"的原假设。参数 $W*logy$ 表示的是空间杜宾误差模型中的自变量的空间自回归系数。从结果来看，空间自回归系数 $W*logy$ 等于 -0.484936，t 统计量为 -8.783869，t 统计量的伴随概率为 0.000000，说明在 1% 的显著性水平下拒绝"$H_0$：空间自回归系数等于 0"的原假设。参数 spat. aut. 表示的是空间杜宾误差模型中的空间自回归系数 λ。从结果来看，空间自回归系数 spat. aut. 等于 0.438586，t 统计量为 15.627263，t 统计量的伴随概率为 0.000000，说明在 1% 的显著性水平下拒绝"$H_0$：空间自回归系数等于 0"的原假设。这说明，在随机误差项中存在显著的空间依赖性。

如要估计时间固定效应与空间和时间双固定效应的空间面板杜宾误差模型，只需要修改空间固定效应的空间滞后模型代码中的参数 info. model 即可，其中：

① "info. model = 0"表示估计无空间固定效应的空间面板杜宾误差模型；

② "info. model = 1"表示估计空间固定效应的空间面板杜宾误差模型；

③ "info. model = 2"表示估计时间固定效应的空间面板杜宾误差模型；

④ "info. model = 3"表示估计空间和时间双固定效应的空间面板杜宾误差模型。

时间固定效应的空间滞后模型和空间与时间双固定效应的空间滞后模型的代码和估计结果与上述类似，故此不再重复。

**2. 估计随机效应的空间面板滞后模型**

使用的函数：sar_ panel_ RE，其用法如下：

```
results = sem_panel_RE(y,[xconstant x wx],W,T,info);
```

Matlab 代码如下：

```
A = xlsread('cigarette. xls');
W1 = xlsread('Spat - Sym - US. xls');
T = 30; N = 46;
W = normw(W1);
y = A(:,[3]);
x = A(:,[4,6]);
for t = 1:T
    t1 = (t - 1)* N + 1;t2 = t* N;
    wx(t1:t2,:) = W* x(t1:t2,:);
```

```
end
xconstant = ones (N* T,1);
[nobs K] = size(x);

vnames = strvcat('logcit','intercept','logp','logy','W* logp','W* lo-
gy');
%
% % % % % % % % % random effects estimator by ML % % % % % % % % % %
%
info. lflag = 0;
results = sem_panel_RE(y,[xconstant x wx],W,T,info);
prt_sp(results,vnames);
```

　　运行结果如下：

```
Pooled model with spatial error autocorrelation and spatial random
effects
Dependent Variable    =           logcit
R – squared           =           0.8869
corr – squared        =           0.3189
sigma^2               =           0.0057
Nobs,Nvar             =           1380,      5
log – likelihood      =           1452.7825
# of iterations       =           3
min and max rho       =           – 1.3924,   1.0000
total time in secs    =           0.0190
time for optimiz      =           0.0130
time for t – stats    =           0.0020
****************************************************************
Variable    Coefficient  Asymptot t – stat   z – probability
intercept   4.861663      40.813497          0.000000
logp        – 0.887786    – 24.945753         0.000000
logy        0.426899      8.413309           0.000000
W* logp     0.223591      5.362086           0.000000
W* logy     – 0.456426    – 8.583509          0.000000
spat. aut.  0.448169      15.873532          0.000000
teta        5.044046      5.370433           0.000000
```

估计结果中，变量 logp 的系数为 $-0.887786$，t 统计量为 $-24.945753$，t 统计量的伴随概率为 $0.000000$，说明在 1% 的显著性水平下拒绝了"$H_0$：logp 的系数等于 0"的原假设。变量 logy 的系数为 $0.426899$，t 统计量为 $8.413309$，t 统计量的伴随概率为 $0.000000$，说明在 1% 的显著性水平下拒绝了"$H_0$：logy 的系数等于 0"的原假设。参数 $W * logp$ 表示的是空间杜宾误差模型中的自变量的空间自回归系数。从结果来看，空间自回归系数 $W * logp$ 等于 $0.223591$，t 统计量为 $5.362086$，t 统计量的伴随概率为 $0.000000$，说明在 1% 的显著性水平下拒绝"$H_0$：空间自回归系数等于 0"的原假设。参数 $W * logy$ 表示的是空间杜宾误差模型中的自变量的空间自回归系数。从结果来看，空间自回归系数 $W * logy$ 等于 $-0.456426$，t 统计量为 $-8.583509$，t 统计量的伴随概率为 $0.000000$，说明在 1% 的显著性水平下拒绝"$H_0$：空间自回归系数等于 0"的原假设。参数 spat. aut. 表示的是空间杜宾误差模型中的空间自回归系数 $\lambda$。从结果来看，空间自回归系数 spat. aut. 等于 $0.448169$，t 统计量为 $15.873532$，t 统计量的伴随概率为 $0.000000$，说明在 1% 的显著性水平下拒绝"$H_0$：空间自回归系数等于 0"的原假设。这说明，在随机误差项中存在显著的空间依赖性。

随机效应的空间面板误差模型估计结果的最后一行报告出了随机效应中的一个重要参数 teta，这个估计的系数结果就是随机效应公式中的重要参数 $\theta$。从估计的结果来，参数 teta 的估计系数为 $5.044046$，t 统计量为 $5.370433$，t 统计量的伴随概率为 $0.000000$。从"teta"的估计结果来看，拒绝了系数为 0 的原假设。

## 练　习

使用 ncovr 数据重复上述操作（依据所学知识，需要适当修改程序）。

# 实验 20
# 通用空间面板数据模型

## 20.1 实验目的

◇ 学习使用 Matlab 的 sac_panel_FE 命令估计通用空间面板数据模型，理解该命令的结果

## 20.2 实验步骤

◇ 读入数据
◇ 设置参数
◇ 估计模型
◇ 输出结果

## 20.3 实验内容

使用的函数：sac_panel_FE，其用法如下：

```
results = sac_panel_FE(y,x,W,T,info);
```

其中，变量和参数的含义与 sar 函数相似。

Matlab 代码如下：

```
A = xlsread('cigarette. xls');
W1 = xlsread('Spat - Sym - US. xls');
T = 30; N = 46;
W = normw(W1);
y = A(:,[3]);
x = A(:,[4,6]);
for t = 1:T
        t1 = (t - 1) * N + 1; t2 = t* N;
        wx(t1:t2,:) = W* x(t1:t2,:);
end
xconstant = ones(N* T,1);
[nobs K] = size(x);
% ----------------------------------------------------------------------
info. lflag = 0;
info. model = 1;
info. fe = 0;
results = sac_panel_FE(y,x,W,T,info);
vnames = strvcat('logcit','logp','logy');
prt_sp(results,vnames,1);
%  Print out effects estimates
spat_model = 0;
direct_indirect_effects_estimates(results,W,spat_model);
```

运行结果如下：

```
Pooled model with spatial lagged dependent variable and spatial error
autocorrelation, spatial fixed effects
Dependent Variable    =      logcit
R - squared           =      0.7931
sigma^2               =      0.0050
Nobs, Nvar            =   1380,      3
log - likelihood      =   1571.7659
*****************************************************************

Variable  Coefficient   Asymptot t - stat  z - probability
logp         - 0.925306      - 29.138444      0.000000
logy         0.146621        3.980429         0.000069
```

```
W* dep. var.   -0.401368   -9.175526  0.000000
spat. aut.      0.716472   27.731650  0.000000


   direct   t-stat   indirect   t-stat   total    t-stat

ans =

  -0.9607  -27.4776    0.3004    9.4744  -0.6603  -21.0335
   0.1534    3.9433   -0.0480   -3.6547   0.1055    3.9153
```

估计的结果分为两部分。第一部分报告的是通用空间面板数据模型的估计结果。第二部分报告的是通用空间面板数据模型的直接效应、间接效应和总效应。

在估计结果中，"Pooled model with spatial lagged dependent variable and spatial error autocorrelation, spatial fixed effects"中的"Pooled model"表示这是一个混合面板数据，"spatially lagged dependent variable"表示含有因变量空间滞后项，"spatial error autocorrelation"表示含有空间误差项的空间滞后项，"spatial fixed effects"表明包含固定效应。从系数来看，logp 的系数为 $-0.925306$，t 统计量为 $-29.138444$，t 统计量的伴随概率为 $0.000000$，说明在 1% 的显著性水平下拒绝了"$H_0$：logp 的系数等于 0"的原假设。变量 logy 的系数为 $0.146621$，t 统计量为 $3.980429$，t 统计量的伴随概率为 $0.000000$，说明在 1% 的显著性水平下拒绝了"$H_0$：logy 的系数等于 0"的原假设。因变量空间自回归系数 W $*$ dep. var. 为 $-0.401368$，t 统计量为 $-9.175526$，t 统计量的伴随概率为 $0.000000$，说明在 1% 的显著性水平下拒绝了"$H_0$：W $*$ dep. var. 的系数等于 0"的原假设。参数 spat. aut. 表示的是空间误差模型中的空间自回归系数 $\lambda$，空间自回归系数 spat. aut. 等于 $0.716472$，t 统计量为 $27.731650$，t 统计量的伴随概率为 $0.000000$，说明在 1% 的显著性水平下拒绝"$H_0$：空间自回归系数等于 0"的原假设。这说明，在随机误差项中存在显著的空间依赖性。

直接效应方面，自变量 logp 直接效应的计算结果为 $-0.9607$，t 统计量为 $-27.4776$。自变量 logy 直接效应的计算结果为 $0.1534$，t 统计量为 $3.9433$。间接效应方面，自变量 logp 间接效应的计算结果为 $0.3004$，t 统计量为 $9.4744$。自变量 logy 间接效应的计算结果为 $-0.0480$，t 统计量为 $-3.6547$。总效应等于直接效应和间接效应之和。自变量 logp 的总效应的计算结果为 $-0.6603$，t 统计量为 $-21.0335$。自变量 logy 的总效应的计算结果为 $0.1055$，t 统计量为 $3.9153$。查表可知，它们都是显著的。

通用空间面板数据模型在实证分析中极为少见。如果想要估计时间固定效应与空间和时间双固定效应的一般空间面板数据模型，只需控制参数 info. model 即可，其中：

① "info. model = 0" 表示估计无空间固定效应的通用空间面板数据模型；

② "info. model = 1" 表示估计空间固定效应的通用空间面板数据模型；

③ "info. model = 2" 表示估计时间固定效应的通用空间面板数据模型；

④ "info. model = 3" 表示估计空间和时间双固定效应的通用空间面板数据模型。

# 练　习

使用自变量 ncovr 数据重复上述操作（依据所学知识，需要适当修改程序）。

実験 *21*

# 通 用 嵌 套 空 间 面 板 数 据 模 型

## 21.1　实 验 目 的

◇ 学习使用 Matlab 的 sac_panel_FE 命令估计通用嵌套空间面板数据模型，理解该命令的结果

## 21.2　实 验 步 骤

◇ 读入数据
◇ 设置参数
◇ 估计模型
◇ 输出结果

## 21.3　实 验 内 容

使用的函数：sac_ panel_ FE，其用法如下：

```
results = sac_panel_FE(y,[x wx],W,T,info);
```

其中，变量和参数的含义与 sar 函数相似。

Matlab 代码如下：

```
A = xlsread('cigarette. xls');
W1 = xlsread('Spat - Sym - US. xls');
T = 30; N = 46;
W = normw(W1);
y = A(:,[3]);
x = A(:,[4,6]);
for t = 1:T
    t1 = (t - 1)* N + 1; t2 = t* N;
    wx(t1:t2,:) = W* x(t1:t2,:);
end
xconstant = ones(N* T,1);
[nobs K] = size(x);
% ------------------------------------------------------------------------
info. lflag = 0;
info. model = 1;
info. fe = 0;
results = sac_panel_FE(y,[x wx],W,T,info);
vnames = strvcat('logcit','logp','logy','W* logp','W* logy');
prt_sp(results,vnames,1);
%  Print out effects estimates
spat_model = 0;
direct_indirect_effects_estimates(results,W,spat_model);
```

运行结果如下：

```
Pooled model with spatial lagged dependent variable and spatial error
autocorrelation, spatial fixed effects
Dependent Variable    =    logcit
R - squared           =    0.8948
sigma^2               =    0.0041
Nobs, Nvar            =    1380,5
log - likelihood      =    1636.1031
************************************************************************
```

```
Variable     Coefficient   Asymptot t - stat   z - probability
logp          - 0.978816      - 23.758864         0.000000
logy           0.646066        10.490102          0.000000
W* logp        0.839069        18.735027          0.000000
W* logy       - 0.666450      - 10.707939         0.000000
W* dep. var.   0.782439        35.211062          0.000000
spat. aut.    - 0.626497      - 12.472360         0.000000


     direct    t - stat   indirect    t - stat    total     t - stat
ans =
  - 1.2985   - 18.6613   - 3.2532   - 6.7581   - 4.5517   - 8.4545
    0.8620      9.8707      2.1584     5.9416     3.0205     6.9561
    1.1137     13.9776      2.7957     5.9447     3.9094     7.2174
  - 0.8888   - 10.1195   - 2.2249   - 6.0538   - 3.1137   - 7.1099
```

相关结果的解释与前面内容相似，在此不赘述。通用嵌套空间面板数据模型和通用空间面板数据模型一样在实证分析中极为少见。如果想要估计时间固定效应与空间和时间双固定效应的通用嵌套空间面板数据模型，只需控制参数 info. model 即可，其中：

①"info. model = 0"表示估计无空间固定效应的通用嵌套空间面板数据模型；

②"info. model = 1"表示估计空间固定效应的通用嵌套空间面板数据模型；

③"info. model = 2"表示估计时间固定效应的通用嵌套空间面板数据模型；

④"info. model = 3"表示估计空间和时间双固定效应的通用嵌套空间面板数据模型。

## 练　习

使用 ncovr 数据重复上述操作（依据所学知识，需要适当修改程序）。

# 动态空间面板数据模型篇

# 动态空间面板数据模型的稳定性

## 22.1 实验目的

◇ 学习使用 Matlab 的 sac_panel_FE 命令估计通用嵌套空间面板数据模型，理解该命令的结果

## 22.2 实验步骤

◇ 读入数据
◇ 设置参数
◇ 估计模型
◇ 输出结果

## 22.3 实验内容

该实验利用 62 个国家 1976～2005 年的数据估计金融自由化的影响因素。

**1. 无时间固定效应的模型**

使用的函数：sar_panel_FE，其用法如下：

```
results = sar_panel_FE(ylevel(N + 1:end), [ylevel(1:end - N) Wylevel
(1:end - N) x], W, T, info);
```

其中，N 为区域数，end 为数组的末尾，其他变量和参数的含义与 sar
函数相似。

```
results1 = sar_jihai(ylevel, x, W, info);
```

其中，变量和参数的含义与 sar_ panel_ FE 函数相似。
Matlab 代码如下：

```
ylevelb = xlsread('Y (in niveaus minus item 6). xls'); % minus item 6
x = xlsread('X. xls');
WA = xlsread('Weights matrix (distance capitals). xls');
T = 30;N = 62;
ylevel = ylevelb;fprintf(1,'Y minus item 6 \n');
ylevel = 100* ylevel;
W = WA;fprintf(1,'W obv distance capitals \n');p = eig(W);eigmax = p(2);
peig = 1;
x1 = x(:,1:5);
x2 = x(:,1:7);
x3 = x(:,[1:7,9:12]);
vnames1 = strvcat('FL(t)','FL(t - 1)','W* FL(t - 1)','BANK','CUR','DEBT',
'RECESSION','HINFL');
vnames2 = strvcat('FL(t)','FL(t - 1)','W* FL(t - 1)','BANK','CUR','DEBT',
'RECESSION','HINFL','FIRSTYEAR','IMF');
vnames3 = strvcat('FL(t)','FL(t - 1)','W* FL(t - 1)','BANK','CUR','DEBT',
'RECESSION','HINFL',...
                'FIRSTYEAR','IMF','LEFT','RIGHT','DEMO','GOVFRAC');
x = x3;vnames = vnames3;fprintf(1,'x var 1 - 7 + 9 - 12 \n');
for t = 1:T + 1
    t1 = 1 + (t - 1)* N;t2 = t* N;
    Wylevel(t1:t2,1) = W* ylevel(t1:t2,1);
end
y = ylevel(N + 1:end) - ylevel(1:end - N);
```

```
%
%  First the model without time - period fixed effects
%
fprintf('First the model without time - period fixed effects')
info. lflag = 0;
info. tl = 1;
info. stl = 1;
info. ted = 1; % transformed approach
info. dyn = 1;
info. model = 1;

results = sar_panel_FE (ylevel (N + 1:end), [ylevel (1:end - N) Wylevel (1:
end - N) x], W, T, info);
prt_spnew (results, vnames, 1);

results1 = sar_jihai (ylevel, x, W, info);
results. beta = results1. theta1 (1:end - 2);
results. rho = results1. theta1 (end - 1);
results. tstat = results1. tstat (1:end - 1);
results. sige = results1. theta1 (end); % % %
results. lik = f2_sarpanel (results1. theta1, results1. yt, results1. zt, W,
results. lndet, T); % % %
prt_spnew (results, vnames, 1);
```

　　运行结果如下：

```
Y minus item 6
W obv distance capitals
x var 1 - 7 + 9 - 12
First the model without time - period fixed effects
Pooled model with spatially lagged dependent variable and spatial
fixed effects
Dependent Variable   =        FL(t)
R - squared          =        0.9717
corr - squared       =        0.9472
sigma^2              =        27.4476
Nobs, Nvar, #FE      = 1860,    14,      75
log - likelihood     =        - 5701.6873
```

```
# of iterations       =              1
min and max rho       =    - 2.6921,   1.0000
total time in secs    =         0.5680
time for optimiz      =         0.1210
time for lndet        =         0.0360
time for eigs         =         0.2490
time for t - stats    =         0.0230
No lndet approximation used
**********************************************************************
Variable     Coefficient   Asymptot t - stat   z - probability
FL(t - 1)     0.867007       72.963335          0.000000
W* FL(t - 1)  - 0.375782     - 7.300122          0.000000
BANK          - 1.202934     - 2.652812          0.007982
CUR           0.614294        1.487674          0.136837
DEBT          - 1.728247     - 2.727592          0.006380
RECESSION     0.124067        0.331627          0.740171
HINFL         1.094765        1.854253          0.063703
FIRSTYEAR     - 0.529718     - 1.648541          0.099242
IMF           1.212352        3.493735          0.000476
LEFT          1.433246        3.132322          0.001734
RIGHT         1.039648        2.322669          0.020197
DEMO          0.009925        0.256248          0.797759
GOVFRAC       - 0.216588     - 0.321968          0.747477
W* dep. var.  0.503918       10.087426          0.000000
```

Pooled model with spatially lagged dependent variable and spatial fixed effects

```
Dependent Variable   =          FL(t)
R - squared          =          0.9717
corr - squared       =          0.9472
sigma^2              =          27.4122
Nobs,Nvar,#FE        =     1860,   14,    75
log - likelihood     =          - 5715.5197
# of iterations      =              1
min and max rho      =    - 2.6921,   1.0000
total time in secs   =          0.5680
time for optimiz     =          0.1210
time for lndet       =          0.0360
```

```
time for eigs        =   0.2490
time for t-stats     =   0.0230
No lndet approximation used
*************************************************************
Variable    Coefficient    Asymptot t-stat    z-probability
FL(t-1)       0.929406        74.217129         0.000000
W* FL(t-1)   -0.440341        -7.341805         0.000000
BANK         -1.188889        -2.700773         0.006918
CUR           0.854894         1.512700         0.130356
DEBT         -1.539392        -2.770235         0.005602
RECESSION     0.225844         0.338323         0.735120
HINFL         1.486752         1.880960         0.059977
FIRSTYEAR    -0.538077        -1.675906         0.093757
IMF           1.172861         3.549420         0.000386
LEFT          1.329938         3.182504         0.001460
RIGHT         0.742772         2.357748         0.018386
DEMO          0.007940         0.257684         0.796651
GOVFRAC       0.023634        -0.327473         0.743310
W* dep. var.  0.506671        10.111459         0.000000
```

代码中的"results1. theta1"是"sar_jihai"函数的"estimates vector after bias correction with the order gammma, rho, b, p, sigma",即为偏误校正后的相关参数值。 "results. tstat"是"sar_jihai"函数得到的"asymp t-stat"。

估计的结果分为两部分。第一部分报告的是使用"sar_panel_FE"命令得到的无时间效应的空间面板数据模型的估计结果。第二部分报告的是经过"sar_jihai"函数结果校正的无时间效应的空间面板数据模型的估计结果。

在第二部分估计结果中，从系数来看，因变量时间滞后项 FL(t-1) 的系数为 0.929406，t 统计量为 74.217129，t 统计量的伴随概率为 0.000000，说明在 1% 的显著性水平下拒绝了"$H_0$：FL(t-1) 的系数等于 0"的原假设。因变量时间滞后项的空间自相关项 W * FL(t-1) 的系数为 -0.440341，t 统计量为 -7.341805，t 统计量的伴随概率为 0.000000，说明在 1% 的显著性水平下拒绝了"$H_0$：W * FL(t-1) 的系数等于 0"的原假设。BANK 的系数为 -1.188889，t 统计量为 -2.700773，t 统计量的伴随概率为 0.006918，说明在 1% 的显著性水平下拒绝了"$H_0$：BANK 的系数等于 0"的原假设。CUR 的系数为 0.854894，t 统计量为 1.512700，t

统计量的伴随概率为 0.130356，说明在 10% 的显著性水平下无法拒绝了
"$H_0$：CUR 的系数等于 0"的原假设。DEBT 的系数为 −1.539392，t 统计
量为 −2.770235，t 统计量的伴随概率为 0.005602，说明在 1% 的显著性水
平下拒绝了"$H_0$：DEBT 的系数等于 0"的原假设。RECESSION 的系数为
0.225844，t 统计量为 0.338323，t 统计量的伴随概率为 0.735120，说明在
10% 的显著性水平下无法拒绝了"$H_0$：RECESSION 的系数等于 0"的原假
设。HINFL 的系数为 1.486752，t 统计量为 1.880960，t 统计量的伴随概率为
0.059977，说明在 10% 的显著性水平下拒绝了"$H_0$：HINFL 的系数等于 0"
的原假设。FIRSTYEAR 的系数为 −0.538077，t 统计量为 −1.675906，t 统计
量的伴随概率为 0.093757，说明在 10% 的显著性水平下拒绝了"$H_0$：
FIRSTYEAR 的系数等于 0"的原假设。IMF 的系数为 1.172861，t 统计量为
3.549420，t 统计量的伴随概率为 0.000386，说明在 1% 的显著性水平下拒
绝了"$H_0$：IMF 的系数等于 0"的原假设。LEFT 的系数为 1.329938，t 统
计量为 3.182504，t 统计量的伴随概率为 0.001460，说明在 1% 的显著性
水平下拒绝了"$H_0$：LEFT 的系数等于 0"的原假设。RIGHT 的系数为
0.742772，t 统计量为 2.357748，t 统计量的伴随概率为 0.018386，说明在
5% 的显著性水平下拒绝了"$H_0$：RIGHT 的系数等于 0"的原假设。DEMO
的系数为 0.007940，t 统计量为 0.257684，t 统计量的伴随概率为
0.796651，说明在 10% 的显著性水平下无法拒绝了"$H_0$：DEMO 的系数等
于 0"的原假设。GOVFRAC 的系数为 0.023634，t 统计量为 −0.327473，t
统计量的伴随概率为 0.743310，说明在 10% 的显著性水平下无法拒绝了
"$H_0$：GOVFRAC 的系数等于 0"的原假设。W * dep. var. 的系数为
0.506671，t 统计量为 10.111459，t 统计量的伴随概率为 0.000000，说明
在 1% 的显著性水平下拒绝了"$H_0$：W * dep. var. 的系数等于 0"的原
假设。

## 2. 有时间固定效应的模型
使用的函数：sar_panel_FE，其用法如下：

```
results = sar_panel_FE(ylevel(N+1:end),[ylevel(1:end-N) Wylevel
(1:end-N) x],W,T,info);
```

其中，变量和参数的含义与 sar_panel_FE 函数相似。

```
results1 = sar_jihai_time(ylevel,x,W,info);
```

其中，变量和参数的含义与 sar_panel_FE 函数相似。

174

Matlab 代码如下：

```
ylevelb = xlsread('Y (in niveaus minus item 6).xls'); %  minus item 6
x = xlsread('X.xls');
WA = xlsread('Weights matrix (distance capitals).xls');
T = 30; N = 62;
ylevel = ylevelb; fprintf(1,'Y minus item 6 \n');
ylevel = 100* ylevel;
x1 = x(:,1:5);
x2 = x(:,1:7);
x3 = x(:,[1:7,9:12]);
vnames1 = strvcat('FL(t)','FL(t-1)','W* FL(t-1)','BANK','CUR','DEBT',
'RECESSION','HINFL');
vnames2 = strvcat('FL(t)','FL(t-1)','W* FL(t-1)','BANK','CUR','DEBT',
'RECESSION','HINFL','FIRSTYEAR','IMF');
vnames3 = strvcat('FL(t)','FL(t-1)','W* FL(t-1)','BANK','CUR','DEBT',
'RECESSION','HINFL',...
                'FIRSTYEAR','IMF','LEFT','RIGHT','DEMO','GOVFRAC');
x = x3; vnames = vnames3; fprintf(1,'x var 1 -7 + 9 -12 \n');

for t = 1:T +1
    t1 = 1 + (t -1)* N; t2 = t* N;
    Wylevel(t1:t2,1) = W* ylevel(t1:t2,1);
end
y = ylevel(N +1:end) - ylevel(1:end - N);

%
% First the model without time -period fixed effects
%
fprintf('First the model without time -period fixed effects')
info.lflag = 0;
info.tl = 1;
info.stl = 1;
info.ted = 1; % transformed approach
info.dyn = 1;
info.model = 1;
results = sar_panel_FE(ylevel(N +1:end),[ ylevel(1:end - N) Wylevel(1:
end - N) x],W,T,info);
% prt_spnew(results,vnames,1);
```

```
results1 = sar_jihai(ylevel,x,W,info);
results.beta = results1.theta1(1:end-2);
results.rho = results1.theta1(end-1);
results.tstat = results1.tstat(1:end-1);
results.sige = results1.theta1(end); % % %
results.lik = f2_sarpanel(results1.theta1,results1.yt,results1.zt,W,
results.lndet,T); % % %
% prt_spnew(results,vnames,1);

% Needed for F-test of time-period fixed effects
RRSS = results.sige* N* T;

%
% Now model with time-period fixed effect
%
fprintf('Now model with time-period fixed effect')
info.lflag = 0;
info.tl = 1;
info.stl = 1;
info.ted = 1; % transformed approach
info.dyn = 1;
info.model = 3;
results = sar_panel_FE(ylevel(N+1:end),[ylevel(1:end-N) Wylevel(1:
end-N) x],W,T,info);
% prt_spnew(results,vnames,1);

results1 = sar_jihai_time(ylevel,x,W,info);
results.beta = results1.theta1(1:end-2);
results.rho = results1.theta1(end-1);
results.tstat = results1.tstat(1:end-1);
results.sige = results1.theta1(end); % % %
results.lik = f2_sarpanel(results1.theta1,results1.yt,results1.zt,W,
results.lndet,T-1); % % %
prt_spnew(results,vnames,1);
varcov = results1.varcov;
R = zeros(1,1);
npar = length(results1.theta1);
tau = results1.theta1(1,1);
eta = results1.theta1(2,1);
```

```
rho = results1. theta1 (npar - 1,1);
R(1) = tau + rho + eta - 1;
Rafg = zeros (1,npar);
Rafg (1,1) = 1; Rafg (1,2) = 1; Rafg (1,npar - 1) = 1;
sumpar = tau + rho + eta;
Wald = R(1)'* inv (Rafg (1,:) * varcov* Rafg (1,:)') * R(1);
F1 = 1 - chis_cdf (Wald,1);
fprintf ('sumpar Wald F1')
[sumpar Wald F1]
%  F - test of time - period fixed effects
URSS = results. sige* N* T;
[Kjunck K1] = size ([ylevel (1:end - N) Wylevel (1:end - N) x Wylevel (N + 1:
end)]);
F0 = ((RRSS - URSS) / (T - 1)) / (URSS/ ((N - 1)* (T - 1) - K1))
kansfo = fdis_prb (F0,T - 1, (N - 1)* (T - 1) - K1)
```

### 运行结果如下：

```
Y minus item 6
W obv distance capitals
x var 1 - 7  + 9 - 12
Now model with time - period fixed effect
Pooled model with spatially lagged dependent variable, spatial and
time period fixed effects
Dependent Variable   =        FL (t)
R - squared          =        0.9722
corr - squared       =        0.7818
sigma^2              =        27.3193
Nobs, Nvar, #FE      =        1860,    14,    104
log - likelihood     =        - 5603.2809
# of iterations      =             1
min and max rho      =        - 2.6921,  1.0000
total time in secs   =        0.5640
time for optimiz     =        0.1270
time for lndet       =        0.0340
time for eigs        =        0.2310
time for t - stats   =        0.0250
No lndet approximation used
******************************************************************
```

```
Variable        Coefficient    Asymptot t - stat    z - probability
FL(t - 1)       0.929574       74.148371            0.000000
W* FL(t - 1)    - 0.299077     - 3.025347           0.002483
BANK            - 1.402537     - 3.197869           0.001384
CUR             0.844286       1.380427             0.167455
DEBT            - 1.288910     - 2.391997           0.016757
RECESSION       0.185294       0.251401             0.801504
HINFL           1.311980       1.526098             0.126985
FIRSTYEAR       - 0.515244     - 1.582322           0.113576
IMF             1.068982       3.153586             0.001613
LEFT            1.247620       2.888283             0.003874
RIGHT           0.557056       1.866906             0.061915
DEMO            0.001303       0.057312             0.954297
GOVFRAC         0.074496       - 0.324822           0.745316
W* dep. var.    0.465012       5.302913             0.000000


sumpar Wald F1
ans =

    1.0955    3.7241     0.0536
F0 =    0.2058
kansfo =     1.0000
```

代码中的"results1. theta1"是"sar_jihai_time"函数的"estimates vector after bias correction with the order gammma, rho, b, p, sigma",即为偏误校正后的相关参数值。"results. tstat"是"sar_jihai_time"函数得到的"asymp t-stat"。

在估计结果中,从系数来看,各变量的系数与无时间固定效应的估计结果略有不同,但对系数的解读较为相似,在此不赘述。

### 3. 空间一阶差分的模型

使用的函数:sar_panel_FE,其用法如下:

```
results = sar_panel_FE(ylevel(N + 1:end), [ylevel(1:end - N) Wylevel
(1:end - N) x], W, T, info);
```

其中,变量和参数的含义与 sar_panel_FE 函数相似。

```
results1 = sar_jihai(ylevel, x, W, info);
```

其中，变量和参数的含义与 sar_panel_FE 函数相似。

Matlab 代码如下：

```
ylevelb = xlsread('Y (in niveaus minus item 6).xls'); %  minus item 6
x = xlsread('X.xls');
WA = xlsread('Weights matrix (distance capitals).xls');
T = 30;N = 62;
ylevel = ylevelb;fprintf(1,'Y minus item 6 \n');
ylevel = 100* ylevel;
x1 = x(:,1:5);
x2 = x(:,1:7);
x3 = x(:,[1:7,9:12]);
vnames1 = strvcat('FL(t)','FL(t-1)','W* FL(t-1)','BANK','CUR','DEBT',
'RECESSION','HINFL');
vnames2 = strvcat('FL(t)','FL(t-1)','W* FL(t-1)','BANK','CUR','DEBT',
'RECESSION','HINFL','FIRSTYEAR','IMF');
vnames3 = strvcat('FL(t)','FL(t-1)','W* FL(t-1)','BANK','CUR','DEBT',
'RECESSION','HINFL',...
                'FIRSTYEAR','IMF','LEFT','RIGHT','DEMO','GOVFRAC');
x = x3;vnames = vnames3;fprintf(1,'x var 1 - 7 + 9 -12 \n');

for t = 1:T +1
     t1 = 1 + (t -1)* N;t2 = t* N;
     Wylevel(t1:t2,1) = W* ylevel(t1:t2,1);
end
y = ylevel(N +1:end) - ylevel(1:end - N);

%
% Now model with time -period fixed effect
%
fprintf('Now model with time -period fixed effect')
info.lflag = 0;
info.tl = 1;
info.stl = 1;
info.ted = 1; % transformed approach
info.dyn = 1;
info.model = 3;
results = sar_panel_FE(ylevel(N +1:end),[ylevel(1:end - N) Wylevel(1:
end - N) x],W,T,info);
```

```
% prt_spnew(results,vnames,1);

results1 = sar_jihai_time(ylevel,x,W,info);
npar = length(results1. theta1);
%
% Spatial first-differences
%
fprintf('Spatial first-differences')
sigma = (eye(N) - W)* (eye(N) - W)';
[V D] = eig(sigma);
transf = D(1 +peig:end,1 +peig:end)^(-0.5)* V(:,1 +peig:end)'* (eye
(N) - W);
Wstar = D(1 +peig:end,1 +peig:end)^(-0.5)* V(:,1 +peig:end)'* W* V(:,
1 +peig:end)* D(1 +peig:end,1 +peig:end)^(0.5);
info. lflag = 0;
for t = 1:T +1
    t1 = 1 + (t -1)* N;t2 = t* N;
    ts1 = 1 + (t -1)* (N - peig);ts2 = t* (N - peig);
    ystar(ts1:ts2,1) = transf* ylevel(t1:t2,1);
    Wystar(ts1:ts2,1) = Wstar* ystar(ts1:ts2,1);
end

for t = 1:T
    t1 = 1 + (t -1)* N;t2 = t* N;
    ts1 = 1 + (t -1)* (N - peig);ts2 = t* (N - peig);
    xstar(ts1:ts2,:) = transf* x(t1:t2,:);
end
info. lflag = 0;
info. tl = 1;
info. stl = 1;
info. dyn = 1;
info. model = 1;
N1 = N - peig;

results = sar_panel_FE(ystar(N1 +1:end),[ystar(1:end - N1) Wystar(1:
end - N1) xstar],Wstar,T,info);
% prt_spnew(results,vnames,1);

results1 = sar_jihai(ystar,xstar,Wstar,info);
```

```
results. beta = results1. theta1 (1:end - 2);
results. rho = results1. theta1 (end - 1);
results. tstat = results1. tstat (1:end - 1);
results. sige = results1. theta1 (end); % % %
results. lik = f2 _ sarpanel (results1. theta1, results1. yt, results1. zt,
Wstar, results. lndet, T - 1); % % %
prt_spnew (results, vnames, 1);

tau = results1. theta1 (1,1);
eta = results1. theta1 (2,1);
rho = results1. theta1 (npar - 1,1);
varcov = results1. varcov;
btemp = results1. theta1;
R = zeros (1,1);
R (1) = tau + rho + eta - 1;
Rafg = zeros (1, npar);
Rafg (1,1) = 1; Rafg (1,2) = 1; Rafg (1, npar - 1) = 1;
sumpar = tau + rho + eta;
check = tau + eigmax* (rho + eta) - 1; % this should be negative
Wald = R (1)'* inv (Rafg (1,:)* varcov* Rafg (1,:)')* R (1);
F1 = 1 - chis_cdf (Wald, 1);
fprintf ('sumpar check Wald F1')
[sumpar check Wald F1]
```

运行结果如下:

```
Y minus item 6
W obv distance capitals
x var 1 - 7 + 9 - 12
Now model with time - period fixed effectSpatial first - differences
Pooled model with spatially lagged dependent variable and spatial
fixed effects
Dependent Variable    =          FL (t)
R - squared           =          0.9504
corr - squared        =          0.7824
sigma^2               =          27.3196
Nobs, Nvar, #FE       =          1830,    14,    74
log - likelihood      =          -5443.3805
# of iterations       =             1
```

```
min and max rho      =    -2.6921,   1.0000
total time in secs   =        0.0240
time for optimiz     =        0.0020
time for lndet       =        0.0120
time for eigs        =        0.0010
time for t-stats     =        0.0020
No lndet approximation used
*********************************************************************
```

| Variable | Coefficient | Asymptot t-stat | z-probability |
|---|---|---|---|
| FL(t-1) | 0.929569 | 74.101994 | 0.000000 |
| W* FL(t-1) | -0.301484 | -2.147958 | 0.031717 |
| BANK | -1.401981 | -3.195885 | 0.001394 |
| CUR | 0.844704 | 1.381014 | 0.167275 |
| DEBT | -1.287295 | -2.389408 | 0.016876 |
| RECESSION | 0.185390 | 0.251683 | 0.801286 |
| HINFL | 1.310948 | 1.523971 | 0.127516 |
| FIRSTYEAR | -0.515248 | -1.582349 | 0.113570 |
| IMF | 1.068665 | 3.151994 | 0.001622 |
| LEFT | 1.247447 | 2.887450 | 0.003884 |
| RIGHT | 0.556775 | 1.865901 | 0.062055 |
| DEMO | 0.001222 | 0.055623 | 0.955642 |
| GOVFRAC | 0.074806 | -0.324438 | 0.745606 |
| W* dep. var. | 0.468005 | 3.411386 | 0.000646 |

```
sumpar check Wald F1
ans =
    1.0961    0.0201    3.7502    0.0528
```

代码中的"results1. theta1"是"sar_jihai"函数的"estimates vector after bias correction with the order gammma, rho, b, p, sigma", 即为偏误校正后的相关参数值。"results. tstat"是"sar_jihai"函数得到的"asymp t-stat"。

在估计结果中，从系数来看，各变量的系数与有时间固定效应的估计结果略有不同但相差不大，对系数的解读也较为相似，在此不赘述。

**4. 施加限定的空间一阶差分模型**

为了得到动态空间面板数据模型的平稳性，需要对模型的参数和空间权重矩阵 W 做一些限定。

使用的函数：sar_panel_FE，其用法如下：

results = sar_panel_FE(ylevel(N + 1:end),[ylevel(1:end - N) Wylevel (1:end - N) x],W,T,info);

其中，变量和参数的含义与 sar_ panel_ FE 函数相似。

results1 = sar_jihai(ylevel,x,W,info);

其中，变量和参数的含义与 sar_panel_FE 函数相似。
Matlab 代码如下：

```matlab
ylevelb = xlsread('Y (in niveaus minus item 6).xls'); % minus item 6
x = xlsread('X.xls');
WA = xlsread('Weights matrix (distance capitals).xls');
T = 30;N = 62;
ylevel = ylevelb;fprintf(1,'Y minus item 6 \n');
ylevel = 100 * ylevel;
x1 = x(:,1:5);
x2 = x(:,1:7);
x3 = x(:,[1:7,9:12]);
vnames1 = strvcat('FL(t)','FL(t-1)','W* FL(t-1)','BANK','CUR','DEBT',
'RECESSION','HINFL');
vnames2 = strvcat('FL(t)','FL(t-1)','W* FL(t-1)','BANK','CUR','DEBT',
'RECESSION','HINFL','FIRSTYEAR','IMF');
vnames3 = strvcat('FL(t)','FL(t-1)','W* FL(t-1)','BANK','CUR','DEBT',
'RECESSION','HINFL',...
                'FIRSTYEAR','IMF','LEFT','RIGHT','DEMO','GOVFRAC');
x = x3;vnames = vnames3;fprintf(1,'x var 1 -7 + 9 -12 \n');

for t = 1:T + 1
    t1 = 1 + (t - 1) * N;t2 = t * N;
    Wylevel(t1:t2,1) = W* ylevel(t1:t2,1);
end
y = ylevel(N + 1:end) - ylevel(1:end - N);

%
% Now model with time - period fixed effect
%
fprintf('Now model with time - period fixed effect')
info.lflag = 0;
```

```
info. t1 = 1;
info. st1 = 1;
info. ted = 1; % transformed approach
info. dyn = 1;
info. model = 3;
results = sar_panel_FE (ylevel (N + 1:end), [ylevel (1:end - N) Wylevel (1:
end - N) x], W, T, info);
% prt_spnew (results, vnames, 1);


results1 = sar_jihai_time (ylevel, x, W, info);
npar = length (results1. theta1);


%
%  Spatial first - differences
%
fprintf ('Spatial first - differences')
sigma = (eye (N) - W) * (eye (N) - W)';
[V D] = eig (sigma);
transf = D (1 + peig:end, 1 + peig:end) ^ ( - 0.5) * V (:, 1 + peig:end) '* (eye
(N) - W);
Wstar = D (1 + peig:end, 1 + peig:end) ^ ( - 0.5) * V (:, 1 + peig:end) '* W* V (:,
1 + peig:end) * D (1 + peig:end, 1 + peig:end) ^ (0. 5);
info. lflag = 0;
for t = 1:T + 1
     t1 = 1 + (t - 1) * N; t2 = t* N;
     ts1 = 1 + (t - 1) * (N - peig); ts2 = t* (N - peig);
     ystar (ts1:ts2, 1) = transf* ylevel (t1:t2, 1);
     Wystar (ts1:ts2, 1) = Wstar* ystar (ts1:ts2, 1);
end


for t = 1:T
     t1 = 1 + (t - 1) * N; t2 = t* N;
     ts1 = 1 + (t - 1) * (N - peig); ts2 = t* (N - peig);
     xstar (ts1:ts2, :) = transf* x (t1:t2, :);
end
info. lflag = 0;
info. t1 = 1;
info. st1 = 1;
info. dyn = 1;
```

```
info. model =1;
N1 = N - peig;

results = sar_panel_FE (ystar (N1 + 1:end), [ ystar (1:end - N1) Wystar (1:
end - N1) xstar],Wstar,T,info);
% prt_spnew (results,vnames,1);

results1 = sar_jihai (ystar,xstar,Wstar,info);

tau = results1. theta1 (1,1);
eta = results1. theta1 (2,1);
rho = results1. theta1 (npar - 1,1);
varcov = results1. varcov;
btemp = results1. theta1;
R = zeros (1,1);
R (1) = tau + rho + eta - 1;
Rafg = zeros (1,npar);
Rafg (1,1) = 1;Rafg (1,2) = 1;Rafg (1,npar - 1) = 1;

%
%  Impose restriction
%
fprintf ('Impose restriction')
theta2 = btemp - varcov* Rafg'* inv (Rafg (1,:)* varcov* Rafg (1,:) ')* R
(1);
varcov2 = varcov - varcov* Rafg'* inv (Rafg (1,:)* varcov* Rafg (1,:) ')*
Rafg* varcov;
results2 = results;
results2. meth = 'sar_jihai_restricted';
results2. theta1 = theta2;
results2. tstat1 = theta2. / (sqrt (abs (diag (varcov2))));
results2. sige = theta2 (end); % % %
results2. lik = f2_sarpanel (results2. theta1, results1. yt, results1. zt,
Wstar,results. lndet,T); % % %
help = theta2 (end - 1)* kron (speye (T),Wstar)* results1. yt;
residr = results1. yt - help - results1. zt* theta2 (1:end - 2);
yme = results1. yt - mean (results1. yt);
rsqr2 = yme'* yme;
rsqr1 = residr'* residr;
```

```
results2. rsqr =1. 0 - rsqr1/rsqr2; % rsquared
res1 = yme;
res2 = ((speye((N1)* T)) - theta2(end - 1)* kron(speye(T),Wstar))\(re-
sults1. zt* theta2(1:end -2)) - mean(results1. yt);
rsq1 = res1'* res2;
rsq2 = res1'* res1;
rsq3 = res2'* res2;
results2. corr2 = rsq1^2/(rsq2* rsq3); % corr2
prt_sardynamic(results2,vnames,1);
```

运行结果如下：

```
Y minus item 6
W obv distance capitals
x var 1 - 7 + 9 - 12
Now model with time - period fixed effectSpatial first - differences
Impose restriction
Dynamic sar model with spatial fixed effects + restriction
Dependent Variable    =         FL(t)
R - squared           =         0. 7801
sigma^2               =         27. 3176
Nobs,Nvar             =      1830,    14
log - likelihood      =      - 5600. 4586
corr - squared        =         0. 7816
min and max rho       =   - 2. 6921,  1. 0000
total time in secs    =         0. 0230
time for optimiz      =         0. 0020
time for lndet        =         0. 0120
time for eigs         =         0. 0010
time for t - stats    =         0. 0020
No lndet approximation used
**********************************************************************
```

| Variable | Coefficient | Asymptot t - stat | z - probability |
|---|---|---|---|
| FL(t -1) | 0. 930420 | 78. 304429 | 0. 000000 |
| W* FL(t -1) | - 0. 374057 | - 2. 883176 | 0. 003937 |
| BANK | - 1. 432952 | - 3. 123149 | 0. 001789 |
| CUR | 0. 800812 | 1. 922463 | 0. 054548 |
| DEBT | - 1. 377207 | - 2. 101787 | 0. 035572 |
| RECESSION | 0. 194728 | 0. 511838 | 0. 608764 |

| | | | |
|---|---|---|---|
| HINFL | 1.267804 | 2.137050 | 0.032594 |
| FIRSTYEAR | -0.523277 | -1.613318 | 0.106676 |
| IMF | 1.039736 | 2.978212 | 0.002899 |
| LEFT | 1.184919 | 2.556495 | 0.010573 |
| RIGHT | 0.511195 | 1.127514 | 0.259525 |
| DEMO | 0.006802 | 0.175525 | 0.860667 |
| GOVFRAC | 0.066644 | 0.098792 | 0.921303 |
| W* dep. var. | 0.443637 | 3.418906 | 0.000629 |

代码中的"results1. theta1"是"sar_jihai"函数的"estimates vector after bias correction with the order gammma，rho，b，p，sigma"，即为偏误校正后的相关参数值。"results. tstat"是"sar_jihai"函数得到的"asymp t-stat"。

在估计结果中，从系数来看，施加限制的空间一阶差分动态空间面板模型的估计结果与未施加限制的空间一阶差分动态空间面板模型的估计结果相差较大（见表22-1），特别是z概率有下划线对应的变量及其显著度的差异较大。

**表22-1    空间一阶差分模型和施加限制的空间一阶差分模型估计结果**

| Variable | Impose restriction | | Spatial first-differences | |
|---|---|---|---|---|
| | Coefficient | z-probability | Coefficient | z-probability |
| FL(t-1) | 0.930420 | 0.000000 | 0.929569 | 0.000000 |
| W * FL(t-1) | -0.374057 | 0.003937 | -0.301484 | 0.031717 |
| BANK | -1.432952 | 0.001789 | -1.401981 | 0.001394 |
| CUR | 0.800812 | 0.054548 | 0.844704 | 0.167275 |
| DEBT | -1.377207 | 0.035572 | -1.287295 | 0.016876 |
| RECESSION | 0.194728 | 0.608764 | 0.185390 | 0.801286 |
| HINFL | 1.267804 | 0.032594 | 1.310948 | 0.127516 |
| FIRSTYEAR | -0.523277 | 0.106676 | -0.515248 | 0.113570 |
| IMF | 1.039736 | 0.002899 | 1.068665 | 0.001622 |
| LEFT | 1.184919 | 0.010573 | 1.247447 | 0.003884 |
| RIGHT | 0.511195 | 0.259525 | 0.556775 | 0.062055 |

续表

| Variable | Impose restriction | | Spatial first-differences | |
|---|---|---|---|---|
| | Coefficient | z-probability | Coefficient | z-probability |
| DEMO | 0. 006802 | 0. 860667 | 0. 001222 | 0. 955642 |
| GOVFRAC | 0. 066644 | 0. 921303 | 0. 074806 | 0. 745606 |
| W * dep. var. | 0. 443637 | 0. 000629 | 0. 468005 | 0. 000646 |

## 练　习

使用 ncovr 数据重复上述操作（依据所学知识，需要适当修改程序）。

実验 *23*

# 动 态 空 间 面 板 模 型

## 23.1  实 验 目 的

◇ 学习使用 Matlab 的 sar_panel_FE 和 sar_panel_ RE 命令估计空间面
   板杜宾模型，理解该命令的结果

## 23.2  实 验 步 骤

◇ 读入数据
◇ 设置参数
◇ 估计模型
◇ 输出结果

## 23.3  实 验 内 容

**1. 估计非动态具有固定效应的空间面板杜宾模型**
使用的函数：sar_panel_ FE，其用法如下：

```
results = sar_panel_FE(y(N+1:end),[x(N+1:end,:) wx(N+1:end,:)],
```

189

```
W,T,info);
```

其中，N 为区域数，end 为数组的末尾，其他变量和参数的含义与 sar 函数相似。

Matlab 代码如下：

```
A = xlsread('cigarette. xls');
W1 = xlsread('Spat - Sym - US. xls');
T = 29; N = 46;
W = normw(W1);
y = A(:,3);
x = A(:,[4,6]);
for t = 1:T + 1
    t1 = (t - 1) * N + 1;t2 = t * N;
    wx(t1:t2,:) = W* x(t1:t2,:);
    Wy(t1:t2,1) = W* y(t1:t2,1);
end
[nobs K] = size(x);
xconstant = ones(nobs,1);
info. lflag = 0;
info. tl = 1;
info. stl = 1;
info. ted = 1;
info. dyn = 1;
info. model = 3;
info. fe = 0;
info. bc = 0;
results = sar_panel_FE(y(N + 1:end),[x(N + 1:end,:) wx(N + 1:end,:)],W,
T,info);
vnames = strvcat('logcit','logp','logy','W* logp','W* logy');
prt_sp(results,vnames,1);
```

运行结果如下：

```
Pooled model with spatially lagged dependent variable, spatial and
time period fixed effects
Dependent Variable   =  logcit
R - squared          =  0.9029
```

```
corr-squared       =        0.3842
sigma^2            =        0.0049
Nobs,Nvar,#FE      = 1334,    5,    78
log-likelihood     =     1647.9476
# of iterations    =        1
min and max rho    =    -1.3924,  1.0000
total time in secs =        0.0190
time for optimiz   =        0.0030
time for lndet     =        0.0060
time for eigs      =        0.0010
time for t-stats   =        0.0010
No lndet approximation used
***************************************************************
Variable   Coefficient   Asymptot t-stat   z-probability
logp       -0.983287     -23.866979        0.000000
logy        0.564007       9.699072        0.000000
W* logp     0.024815       0.300486        0.763807
W* logy    -0.279081      -3.527213        0.000420
W* dep.var. 0.223589       6.700998        0.000000
```

在估计结果中，"Pooled model with spatially lagged dependent variable, spatial and time period fixed effects"中的"Pooled model"表示这是一个混合面板数据，"spatially lagged dependent variable"表示含有因变量空间滞后项，"spatial and time period fixed effects"表明含时间和空间固定效应。从系数来看，logp 的系数为 -0.983287，t 统计量为 -23.866979，t 统计量的伴随概率为 0.000000，说明在 1% 的显著性水平下拒绝了"$H_0$：logp 的系数等于 0"的原假设。换言之，提高香烟的平均零售价格可以减少香烟的销售数量。变量 logy 的系数为 0.564007，t 统计量为 9.699072，t 统计量的伴随概率为 0.000000，说明在 1% 的显著性水平下拒绝了"$H_0$：logy 的系数等于 0"的原假设。参数 W * logp 表示的是空间滞后模型中的自变量空间自回归系数等于 0.024815，t 统计量为 0.300486，t 统计量的伴随概率为 0.763807，说明在 10% 的显著性水平下无法拒绝"$H_0$：自变量空间自回归系数等于 0"的原假设。参数 W * logy 表示的是空间滞后模型中的自变量空间自回归系数等于 -0.279081，t 统计量为 -3.527213，t 统计量的伴随概率为 0.000420，说明在 1% 的显著性水平下拒绝"$H_0$：自变量空间自回归系数等于 0"的原假设。参数 W * dep. var. 表示的是空间滞后模型中的空间自回归系数 ρ 等于 0.223589，t 统计量为 6.700998，t 统计量的伴随概率为 0.000000，说明在 1% 的显著性水平下拒绝 "$H_0$：空间自回归系数等于 0" 的原假设。

### 2. 估计动态具有固定效应的空间面板杜宾模型

使用的函数：sar_panel_FE，其用法如下：

```
results = sar_panel_FE(y(N+1:end),[y(1:end-N) Wy(1:end-N) x(N+
1:end,:) wx(N+1:end,:)],W,T,info);
```

其中，变量和参数的含义与前面相似。

Matlab 代码如下：

```
A = xlsread('cigarette.xls');
W1 = xlsread('Spat-Sym-US.xls');
T = 29; N = 46;
W = normw(W1);
y = A(:,3);
x = A(:,[4,6]);
for t = 1:T+1
    t1 = (t-1)*N+1;t2 = t*N;
    wx(t1:t2,:) = W* x(t1:t2,:);
    Wy(t1:t2,1) = W* y(t1:t2,1);
end
[nobs K] = size(x);
xconstant = ones(nobs,1);

info.lflag = 0;
info.tl = 1;
info.stl = 1;
info.ted = 1;
info.dyn = 1;
info.model = 3;
info.fe = 0;
info.bc = 0;
results = sar_panel_FE(y(N+1:end),[y(1:end-N) Wy(1:end-N) x(N+1:
end,:) wx(N+1:end,:)],W,T,info);
vnames = strvcat('logcit','timelag logcit','spacetimelag logcit',
'logp','logy','W* logp','W* logy');
results1 = sar_jihai_time(y(1:nobs),[x(N+1:nobs,:) wx(N+1:nobs,:)],
```

```
W,info);
results. beta = results1. theta1 (1:end -2);
results. rho = results1. theta1 (end -1);
results. tstat = results1. tstat1 (1:end -1);
prt_sp (results,vnames,1);
btemp = results1. theta1;
varcov = results1. varcov;

NSIM =1000;
px =2;
[npar dummy] = size (btemp);
simresults = zeros (npar -1,NSIM);
simdirst = zeros (px,NSIM);
simindst = zeros (px,NSIM);
simtotst = zeros (px,NSIM);
simdirlt = zeros (px,NSIM);
simindlt = zeros (px,NSIM);
simtotlt = zeros (px,NSIM);
simdirc = zeros (1,NSIM);
simindc = zeros (1,NSIM);
simtotc = zeros (1,NSIM);

for sim =1:NSIM
    parms = chol (varcov)'* randn (size (btemp)) + btemp;
    deltasim = parms (npar -1,1); %  coef WY(t)
    betasim = parms (3:npar -2,1);
    tausim = parms (1,1); %  Coef Y(t -1)
    etasim = parms (2,1); %  Coef WY(t -1)
    simresults (:,sim) = [tausim;etasim;betasim;deltasim];
    SS = (eye (N) - deltasim* W) \eye (N);
    SC = SS* ((tausim -1)* eye (N) + (deltasim + etasim)* W);
    simdirc (1,sim) = sum (diag (SC))/N; %  average direct effect
    simindc (1,sim) = sum (sum (SC,2) - diag (SC))/N; %  average indirect
effect
    simtotc (1,sim) = simdirc (1,sim) + simindc (1,sim);
    for p =1:px
        C = zeros (N,N);
        for i =1:N
            for j =1:N
```

```
                    if (i = = j) C(i,j) = betasim(p);
                    else C(i,j) = betasim(p + 2) * W(i,j);
                    end
                end
            end
            SC = SS * C;
            simdirst(p,sim) = sum(diag(SC))/N; %  average direct effect
            simindst(p,sim) = sum(sum(SC,2) - diag(SC))/N; %  average indi-
rect effect
            simtotst(p,sim) = simdirst(p,sim) + simindst(p,sim);
            SC = ((1 - tausim) * eye(N) - (deltasim + etasim) * W) \C;
            simdirlt(p,sim) = sum(diag(SC))/N; %  average direct effect
            simindlt(p,sim) = sum(sum(SC,2) - diag(SC))/N; %  average indi-
rect effect
            simtotlt(p,sim) = simdirlt(p,sim) + simindlt(p,sim);
        end
    end
end

fprintf(1,'Convergence effect \n');
[mean(simdirc,2) mean(simdirc,2)./std(simdirc,0,2) mean(simindc,2)
mean(simindc,2)./std(simindc,0,2)...
mean(simtotc,2) mean(simtotc,2)./std(simtotc,0,2)]

fprintf(1,'Short term effects \n');
[mean(simdirst,2) mean(simdirst,2)./std(simdirst,0,2) mean(simindst,
2) mean(simindst,2)./std(simindst,0,2)...
mean(simtotst,2) mean(simtotst,2)./std(simtotst,0,2)]

fprintf(1,'Long term effects \n');
[mean(simdirlt,2) mean(simdirlt,2)./std(simdirlt,0,2) mean(simindlt,
2) mean(simindlt,2)./std(simindlt,0,2)...
    mean(simtotlt,2) mean(simtotlt,2)./std(simtotlt,0,2)]
```

运行结果如下：

```
Pooled model with spatially lagged dependent variable, spatial and
time period fixed effects
Dependent Variable  =        logcit
R - squared          =        0.9772
corr - squared       =        0.8615
sigma^2              =        0.0011
Nobs,Nvar,#FE        =    1334,    7,     80
log - likelihood     =        2623.2621
# of iterations      =         1
min and max rho      =    -1.3924,  1.0000
total time in secs   =        0.0210
time for optimiz     =        0.0020
time for lndet       =        0.0050
time for eigs        =        0.0010
time for t - stats   =        0.0010
No lndet approximation used
************************************************************************
```

| Variable | Coefficient | Asymptot t - stat | z - probability |
|---|---|---|---|
| timelag logcit | 0.864568 | 67.137261 | 0.000000 |
| spacetimelag logcit | -0.015347 | -0.388327 | 0.697774 |
| logp | -0.265979 | -11.495971 | 0.000000 |
| logy | 0.099796 | 3.351856 | 0.000803 |
| W* logp | 0.170413 | 3.880501 | 0.000104 |
| W* logy | -0.022369 | -0.566108 | 0.571321 |
| W* dep. var. | 0.076402 | 2.026771 | 0.042686 |

```
Convergence effect
ans =
   -0.1342   -10.5875    0.0535    2.3795   -0.0807   -3.2918


Short term effects
ans =
   -0.2634   -11.5862    0.1592    3.4016   -0.1041   -2.0534
    0.1004    3.3729   -0.0150   -0.3556    0.0854    2.3561


Long term effects
ans =
   -1.9313   -9.7517    0.6149    0.8634   -1.3164   -1.6699
    0.7805    3.5442    0.3650    0.6221    1.1454    1.8135
```

估计的结果分为两部分。第一部分报告的是动态空间面板杜宾模型的估计结果。第二部分报告的是动态空间面板杜宾模型的收敛效应及平均短期和长期的直接效应、间接效应和总效应。

在第一部分的估计结果中，timelag logcit 是因变量的时间滞后项，其系数为 0.864568，t 统计量为 67.137261，t 统计量的伴随概率为 0.000000，说明在 1% 的显著性水平下拒绝了"$H_0$：因变量的时间滞后项的系数等于 0"的原假设。spacetimelag logcit 是因变量的时间滞后项的空间自相关项，其系数为 - 0.015347，t 统计量为 - 0.388327，t 统计量的伴随概率为 0.697774，说明在 10%的显著性水平下无法拒绝了"$H_0$：因变量的时间滞后项的空间自相关系数等于 0"的原假设。logp 的系数为 - 0.265979，t 统计量为 - 11.495971，t 统计量的伴随概率为 0.000000，说明在 1% 的显著性水平下拒绝了"$H_0$：logp 的系数等于 0"的原假设。换言之，提高香烟的平均零售价格可以减少香烟的销售数量。变量 logy 的系数为 0.099796，t 统计量为 3.351856，t 统计量的伴随概率为 0.000803，说明在 1% 的显著性水平下拒绝了"$H_0$：logy 的系数等于 0"的原假设。参数 W * logp 表示的是空间滞后模型中的自变量空间自回归系数等于 0.170413，t 统计量为 3.880501，t 统计量的伴随概率为 0.000104，说明在 1% 的显著性水平下拒绝"$H_0$：自变量空间自回归系数等于 0"的原假设。参数 W * logy 表示的是空间滞后模型中的自变量空间自回归系数等于 - 0.022369，t 统计量为 - 0.566108，t 统计量的伴随概率为 0.571321，说明在 10% 的显著性水平下无法拒绝"$H_0$：自变量空间自回归系数等于 0"的原假设。参数 W * dep. var. 表示的是空间滞后模型中的空间自回归系数 ρ 等于 0.076402，t 统计量为 2.026771，t 统计量的伴随概率为 0.042686，说明在 5% 的显著性水平下拒绝"$H_0$：空间自回归系数等于 0"的原假设。

在第二部分结果中，收敛效应方面，平均直接效应的收敛系数为 - 0.1342，t 统计量为 - 10.5875。平均间接效应的收敛系数为 0.0535，t 统计量为 2.3795。平均总效应的收敛系数为 - 0.0807，t 统计量为 - 3.2918。

在第二部分结果中，平均短期直接效应方面，自变量 logp 短期直接效应的计算结果为 - 0.2634，t 统计量为 - 11.5862。自变量 logy 短期直接效应的计算结果为 0.1004，t 统计量为 3.3729。平均短期间接效应方面，自变量 logp 短期间接效应的计算结果为 0.1592，t 统计量为 3.4016。自变量 logy 短期间接效应的计算结果为 - 0.0150，t 统计量为 - 0.3556。平均短期总效应方面，自变量 logp 短期总效应的计算结果为 - 0.1041，t 统计量为 - 2.0534。自变量 logy 短期总效应的计算结果为 0.0854，t 统计量为 2.3561。

在第二部分结果中，平均长期直接效应方面，自变量 logp 长期直接效应的计算结果为 - 1.9313，t 统计量为 - 9.7517。自变量 logy 长期直接效应的计算结果为0.7805，t统计量为3.5442。平均长期间接效应方面，自变量logp短期间接效应的计算结果为0.6149，t统计量为0.8634。自变量logy长期间接效应的计算结果为0.3650，t统计量为0.6221。平均长期总效应方面，自变量logp长期总效应的计算结果为−1.3164，t统计量为−1.6699。自变量logy长期总效应的计算结果为1.1454，t统计量为1.8135。

## 练　　习

使用自变量ncovr数据重复上述操作（依据所学知识，需要适当修改程序）。

# 主要参考文献

［1］A. 斯图尔特·福瑟林汉姆，克里斯·布伦斯登，马丁·查尔顿. 计量地理学——空间数据分析透视［M］. 王远飞等，译. 北京：商务印书馆，2021.

［2］埃尔霍斯特. 空间计量经济学：从横截面数据到空间面板［M］. 肖光恩，译. 北京：中国人民大学出版社，2015.

［3］毕硕本. 空间数据分析［M］. 北京：北京大学出版社，2015.

［4］郭仁忠. 空间分析：第二版［M］. 北京：高等教育出版社，2001.

［5］姜磊. 应用空间计量经济学［M］. 北京：中国人民大学出版社，2020.

［6］姜小三. 地理信息系统实验［M］. 北京：国防工业出版社，2014.

［7］勒沙杰（LeSage, J.），佩斯（Pace, R. K.）. 空间计量经济学导论［M］. 肖光恩，译. 北京：北京大学出版社，2014.

［8］林光平，龙志和. 空间经济计量：理论与实证［M］. 北京：科学出版社，2014.

［9］刘美玲，卢浩. GIS 空间分析实验教程［M］. 北京：科学出版社，2016.

［10］刘湘南等. GIS 空间分析：第三版［M］. 北京：科学出版社，2017.

［11］卢卡·安瑟琳（Luc Anselin）. 空间计量经济学：方法与模型［M］刘耀斌等，译. 北京：社会科学文献出版社，2021.

［12］马荣华，蒲英霞，马晓东. GIS 空间关联模式发现［M］. 北京：科学出版社，2007.

［13］迈克尔·D. 沃德，克里斯蒂安·格里蒂奇. 空间回归模型［M］. 宋曦，译. 上海：格致出版社，上海人民出版社，2012.

［14］曼弗雷德·M·弗希尔，王劲峰. 空间数据分析：模型、方法与技术［M］. 张璐，肖光恩，吕博才，译. 北京：中国人民大学出版社，2018.

［15］沈体雁，于瀚辰．空间计量经济学：第二版［M］．北京：北京大学出版社，2019．

［16］沈体雁等．空间计量分析软件：GeoDa、GeoDaSpace 和 PySAL 操作手册［M］．北京：北京大学出版社，2019．

［17］苏世亮，李霖，翁敏．空间数据分析［M］．北京：科学出版社，2019．

［18］汤国安等．ARCGISt 地理信息系统空间分析实验教程：第三版［M］．北京：科学出版社，2021．

［19］陶长琪．空间计量经济学的前沿理论及应用［M］．北京：科学出版社，2020．

［20］王劲峰，廖一兰，刘鑫．空间数据分析教程：第二版［M］．北京：科学出版社，2019．

［21］王远飞，何洪林．空间数据分析方法［M］．北京：科学出版社，2007．

［22］王周伟，崔百胜，张元庆．空间计量经济学：现在模型与方法［M］．北京：北京大学出版社，2017．

［23］魏学辉，张超，沈体雁．空间计量分析软件：R 语言操作手册［M］．北京：北京大学出版社，2022．

［24］翁敏，李霖，苏世亮．空间数据分析案例式实验教程［M］．北京：科学出版社，2019．

［25］吴立新等．空间数据可视化［M］．北京：科学出版社，2019．

［26］肖光恩．空间计量经济学——基于 MATLAB 的应用分析［M］．北京：北京大学出版社，2018．

［27］叶阿忠等．应用空间计量经济学：软件操作和建模实例［M］．北京：清华大学出版社，2020．

［28］郑新奇，吕利娜．地统计学（现代空间统计学）［M］．北京：科学出版社，2018．

［29］朱塞佩·阿尔比亚．空间计量经济学入门：在 R 中的应用［M］．肖光恩，吴炬辉，刘锦学，译．北京：中国人民大学出版社，2018．

［30］Anselin，L.（2010）．Thirty years of spatial econometrics. Regional Science，89（1）：3–25.

［31］David O'Sullivan and David J. Unwin.（2010）. GEOGRAPHIC INFORMATION ANALYSIS（2nd ed）［M］. John Wiley & Sons，Inc.

［32］Luc Anselin.（2018）. Applications of Spatial Weights. http：//geodacenter. github. io/workbook/4d_weights_applications/lab4d. html.

［33］Luc Anselin.（2018）. Space–Time Exploration. http：//geodacenter. github. io/workbook/3c_spacetime/lab3c. html.

［34］Luc Anselin. (2018). Spatial Weights as Distance Functions. http：// geodacenter. github. io/workbook/4c_distance_functions/lab4c. html.

［35］Luc Anselin. (2018). Maps for Rates or Proportions. http：//geoda- center. github. io/workbook/3b_rates/lab3b. html.

［36］Luc Anselin. (2019). Global Spatial Autocorrelation (2) Bivariate, Differential and EB Rate Moran Scatter Plot. http：//geodacenter. github. io/ workbook/5b_global_adv/lab5b. html.

［37］Luc Anselin. (2020). Contiguity – Based Spatial Weights. http：// geodacenter. github. io/workbook/4a_contig_weights/lab4a. html.

［38］Luc Anselin. (2020). Density – Based Clustering Methods. http：// geodacenter. github. io/workbook/99_density/lab9b. html.

［39］Luc Anselin. (2020). Distance – Band Spatial Weights. http：//geo- dacenter. github. io/workbook/4b_dist_weights/lab4b. html.

［40］Luc Anselin. (2020). Global Spatial Autocorrelation (1) Visualizing Spatial Autocorrelation. http：//geodacenter. github. io/workbook/5a＿global＿au- to/lab5a. html.

［41］Luc Anselin. (2020). Local Local Spatial Autocorrelation (2) Other Local Spatial Autocorrelation Statistics. http：//geodacenter. github. io/workbook/ 6b_local_adv/lab6b. html.

［42］Luc Anselin. (2020). Local Spatial Autocorrelation (1) LISA and Lo- cal Moran. http：//geodacenter. github. io/workbook/6a_local_auto/lab6a. html.

［43］Luc Anselin. (2020). Local Spatial Autocorrelation (3) Multivariate Local Spatial Autocorrelation. http：//geodacenter. github. io/workbook/6c_local_ multi/lab6c. html.

［44］Luc Anselin. (2020). Local Spatial Autocorrelation (4) LISA for Dis- crete Variables. http：//geodacenter. github. io/workbook/6d＿local＿discrete/ lab6d. html.

［45］Luc Anselin. (2020). Spatial Clustering (1) Spatializing Classic Clus- tering Methods. http：//geodacenter. github. io/workbook/9a_spatial1/lab9a. html.

［46］Luc Anselin. (2020). Cluster Analysis (2) Hierarchical Clustering Methods. http：//geodacenter. github. io/workbook/7bh_clusters_2a/lab7bh. html.

［47］Luc Anselin. (2020). Spatial Clustering (2) Spatially Constrained Clustering – Hierarchical Methods. http：//geodacenter. github. io/workbook/9c_ spatial3/lab9c. html.

［48］Luc Anselin. (2020). Spatial Clustering (3) Spatially Constrained

Clustering – Partitioning Methods. http：//geodacenter. github. io/workbook/9d_spatial4/lab9d. html.

［49］ Luc Anselin. （2020）. Cluster Analysis （3） Advanced Clustering Methods. http：//geodacenter. github. io/workbook/7c_clusters_3/lab7c. html.

［50］ Luc Anselin. （2020）. Cluster Analysis （1） K – Means Clustering. http：//geodacenter. github. io/workbook/7bk_clusters_1a/lab7b. html.

［51］ Luc Anselin. （2020）. Basic Mapping. http：//geodacenter. github. io/workbook/3a_mapping/lab3a. html.

［52］ Luc Anselin. （2020）. Exploratory Data Analysis （1）. http：//geodacenter. github. io/workbook/2a_eda/lab2a. html.

［53］ Luc Anselin. （2020）. Exploratory Data Analysis （2）. http：//geodacenter. github. io/workbook/2b_eda_multi/lab2b. html.

［54］ Luc Anselin. （2020）. Maps for Rates or Proportions. http：//geodacenter. github. io/workbook/3b_rates/lab23b. html.

［55］ Luc Anselin. （2020）. Maps for Rates or Proportions. http：//geodacenter. github. io/workbook/3b_rates/lab24b. html.

［56］ Luc Anselin. （2020）. Spatial Data Wrangling （1） – Basic Operations. http：//geodacenter. github. io/workbook/01_datawrangling_1/lab1a. html.

［57］ Luc Anselin. （2020）. Spatial Data Wrangling （2） – GIS Operations. http：//geodacenter. github. io/workbook/01_datawrangling_2/lab1b. html.

［58］ Luc Anselin. （2020）. Spatial Data Wrangling （3） – Practice. http：//geodacenter. github. io/workbook/01_datawrangling_3/lab1. html.

［59］ Luc Anselin. GeoDa Workbook. http：//geodacenter. github. io/documentation. html.

［60］ O'Sullivan D，Unwin D J. （2010）. Geographic Information Analysis：2nd ed. New Jersey：John Wiley & Sons.